FELIPE MACHADO

兵兵

PING ★ PONG
chinês por um mês

AS AVENTURAS DE UM JORNALISTA BRASILEIRO
PELA CHINA OLÍMPICA

Copyright do texto © 2008 by Felipe Machado
Copyright das fotos © 2008 Nilton Fukuda
Copyright da edição © 2008 Arte Paubrasil

Todos os direitos desta edição reservados à
Manuela Editorial Ltda. (Arte Paubrasil)
Rua Dr. Amâncio de Carvalho, 192/206 – Vila Mariana
04012-080 – São Paulo, SP
Telefone: (11) 5085.8080
livraria@artepaubrasil.com.br
www.artepaubrasil.com.br

Este texto foi publicado originalmente no blog
'Ping Pong – Felipe Machado é chinês por um mês',
no portal do Estadão (www.estadao.com.br)

Editor
Raimundo Gadelha

Coordenação Editorial e Gráfica
Fernando Borsetti

Capa e Projeto Gráfico
Daniel Kondo

Revisão
Renata Assumpção

Finalização
Renan Glaser

Fotos
Nilton Fukuda

Foto do autor
Marcos Mendes

Chefe do Machado
Marco Chiaretti

Consultoria/China
Janaína Silveira

Dados Internacionais de Catalogação na Publicação (CIP)
(Câmara Brasileira do Livro, SP, Brasil)

Machado, Felipe
  Ping pong : chinês por um mês : as aventuras
de um jornalista brasileiro pela China olímpica /
Felipe Machado. -- São Paulo : Arte Pau
Brasil, 2008.

  ISBN 978-85-99629-18-5

  1. China - Descrição e viagens 2. Repórteres
e reportagens I. Título.
08-11246   CDD-070.4499151

Índices para catálogo sistemático:
1. China : Reportagens jornalísticas   070.4499151
2. Reportagens jornalísticas : China   070.4499151

Impresso no Brasil
Printed in Brazil

FELIPE MACHADO

PING ★ PONG
chinês por um mês
AS AVENTURAS DE UM JORNALISTA BRASILEIRO PELA CHINA OLÍMPICA

artepaubrasil
São Paulo, 2008

Apresentação   10

DIÁRIO

31.07	Agora é hora	15
02.08	Tudo na vida é passageiro, menos piloto e aeromoça	15
02.08	Bem-vindo ao maior dragão do mundo	18
03.08	Meu bem, meu Mao	27
04.08	Um ninho de pássaros e um bilhete da sorte	49
05.08	Cidade proibida, pirataria liberada	55
06.08	Arte, civilização e comidas esquisitas	64
07.08	A seguir, cenas dos próximos capítulos chineses	70
08.08	Força, mundo	78
09.08	Templo do céu e da cerveja gelada	84
10.08	Um dia olímpico (ou o que eu e George W. Bush temos em comum)	91
11.08	Chinesinhas e passarinhos	100
12.08	Isso é chinês pra mim	109
13.08	Ginástica, tênis e Dry Martinis	136
14.08	A grande tempestade da China	146
15.08	Uma noite em Xangai	152
16.08	Ressaca e churrasco à chinesa	158
17.08	Sonhos de criança, sonhos de consumo	160
18.08	Cenas da Chinatown olímpica	180

19.08	Um belo dia que terminou mal	192
20.08	Um mundo, um preço	200
21.08	Beijing Beijing, Niao Tiao	206
22.08	República pop da China	213
23.08	A última balada olímpica	238
24.08	O sonho acabou, a China volta à realidade	242
25.08	O dia seguinte	248
26.08	O céu diz adeus na última noite em Pequim	254
27.08	Últimas horas em Pequim, a garganta começa a apertar	259
27.08	Agora é hora	261

Sobre o autor   262

Viajantes do mundo, uni-vos.

★

Para Isabel

Apresentação

'Você vai pra China.'

Não disse isso. Sou mais loquaz. E, certamente, muito mais educado. Devo ter dito: 'Caro Felipe, você gostaria de passar um mês no distante Império do Centro, cercado de aventuras etc., etc., etc.? A propósito, há uma Olimpíada lá... Você poderia nos mandar algo, o que acha?' Foi isso que eu disse. Aliás, não foi isso que eu disse. Eu disse: 'Você vai pra Pequim.' Pequim. Não 'China'. Pequim. Eu me lembro bem.

Machado foi. Passou um mês longe de casa, escrevendo sobre assuntos variados, loiras comendo escorpiões, aeroportos gigantes, frases em mandarim, chinesas, chineses, jogos de basquete, templos, Xangai e até mesmo um pouco sobre as Olimpíadas. Por que ele escreveu sobre Xangai, eu até hoje não entendi, já que a viagem era para Pequim. Escreveu, postou, filmou, editou, codificou, *uploudou*, renderizou e comeu com palitinhos. No final, voltou para casa, mas não conseguiu explicar direito o que diabos foi fazer em Xangai.

Em São Paulo, resolveu publicar um livro, idéia que, segundo ele, lhe foi dada por Confúcio, um sábio chinês que mandou plantar árvores, fazer filhos e escrever livros. Para este (último), Machado trouxe um outro livro igual ao que ele queria fazer e copiou – era o famoso livro de Mao Zedong. Capa vermelha, formato de bolso, capítulos curtos, verdades absolutas, enfim, fez tudo igual, imitando os chineses naquilo que eles têm de melhor: a inimitável capacidade de imitar. Nessa linha de pensamento, a propósito, o título do livro dele deveria ser 'O Livro Vermelho dos Pensamentos do Camarada Machado', mas ele achou o nome comprido demais e reduziu para 'Ping Pong', que ninguém entende muito bem o que quer dizer, mas fica bonitinho em um livro de formato pequeno. E lembra a China. Ou Pequim. Ou Xangai.

Aí, ele me pediu para escrever esse texto, como vingança por ter sido mandado pra Pequim. Ou Xangai. E eu me vinguei.

Espero, sinceramente, que da próxima vez ele me mande para Londres, e eu escreva um livro. Prometo que o prefácio será do Machado. E prometo não ir pra Liverpool.

Como é que se diz 'Boa leitura!' em mandarim?

O chefe do Machado

ESCOLHE UM TRABALHO
DE QUE GOSTES E NÃO TERÁS
QUE TRABALHAR
NEM UM DIA DA TUA VIDA.

CONFÚCIO

31.07.08

AGORA É HORA

Agora é hora: são dez da noite e meu táxi para o aeroporto chegou. Minha viagem para a China começa, oficialmente, neste momento. Vou pegar um vôo até Dubai, e de lá até Pequim. Até tentei descobrir quantas horas vai durar a viagem, mas são tantos fusos horários para lá e para cá que acho melhor guardar o relógio, entrar no avião e não pensar mais nisso.

> **Rádio Táxi:** (11) 2163-5555
> **Táxi Vermelho e Branco:** (11) 3146-4000 　中国

02.08.08

TUDO NA VIDA É PASSAGEIRO, MENOS PILOTO E AEROMOÇA

Voamos de São Paulo para Pequim pela Emirates Airlines, uma companhia que todo mundo diz que é uma das melhores do mundo. Isso pode até ser verdade, mas com certeza é mais verdade para quem viaja de primeira classe e executiva. A primeira classe, aliás, é sensacional, parece mesmo um quartinho daqueles em que as pessoas ficam hospedadas quando viajam em trens europeus de luxo. A classe executiva, com suas "cápsulas de conforto", também é incrível: o passageiro passa a viagem confortavelmente largado na frente de um monitor de TV de, sei lá, umas 21 polegadas.

Já a classe econômica… bem, em termos de conforto, ela é praticamente tão apertada quanto a de qualquer outra companhia – pelo menos foi essa a sensação que eu tive. A Emirates tem como conceito de marketing afirmar que oferece 'a melhor classe econômica do mundo', mas juro que nem deu para perceber: meu joelho ficou esmagado na cadeira da frente do mesmo jeito – talvez com 1 cm ou outro a mais de espaço. Já que é para reclamar, então vamos ampliar o foco: acho um absurdo uma pessoa que está no corredor ter que se levantar para o passageiro que está na janela ir ao banheiro. É uma falta de respeito das companhias aéreas cobrarem uma fortuna pelas passagens e deixarem isso acontecer, fingindo que não é com elas. Mas, enfim, vamos ser justos porque a Emirates tem algo que não vi em nenhuma outra companhia aérea do mundo: sua insuperável programação de entretenimento, que oferece uma incrível diversidade de música (nem cheguei a ligar o iPod) e, melhor ainda, de filmes.

 *Já reparou como comida de avião vem sempre arrumadinha na bandeja, mas basta você abrir uma das embalagens que todo o resto começa a cair pelos cantos da mesinha? Ou será que é só comigo?*

Só para se ter uma idéia de como a viagem até a China é longa, nas duas pernas do trajeto (SP-Dubai/15h e Dubai-Pequim/9h) deu tempo para assistir a cinco filmes: 'Sonho de Cassandra' (*thriller* bem legal de Woody Allen), 'Antes que o Diabo Saiba que Você Está Morto' (thriller melhor ainda, de Sidney Lumet), 'Shine a Light' (documentário de Martin Scorsese sobre os Rolling Stones), 'Kung Fu Panda' (animação da Dreamworks), e '21' (história real de alunos de matemática que se unem ao professor, representado por Kevin Spacey, para dar golpes em cassinos de Las Vegas). Fora isso, ainda li uma revista e o trecho de um livro, comi para burro e dormi como um carneirinho chinês.

中国

Emirates Airlines: R. James Joule, 92, 7º andar, Brooklin Novo, CEP 04576-080, São Paulo, SP. (11) 5503-5000. Das 9h às 18h.
www.emirates.com/br/portuguese/

02.08.08

BEM-VINDO AO MAIOR DRAGÃO DO MUNDO

Uau, demorou... mas finalmente chegou. Depois de trinta e duas horas em aeroportos e aviões, desembarquei em Pequim às 15h30 e confesso que fiquei impressionado com o aeroporto antes mesmo das rodas do avião tocarem o chão. Explico: a Emirates tem uma câmera na fuselagem da aeronave, tecnologia que permite que você acompanhe o pouso nos mínimos detalhes.

Pois lá estava ele: o novo aeroporto de Pequim, o dragão do arquiteto Sir Norman Foster, a obra mais superlativa dessa megalomaníaca (no bom sentido, claro) Olimpíada chinesa. O novo terminal, o gigantesco T3, transformou o Aeroporto Internacional de

Pequim no maior do mundo, com mais de um milhão de metros quadrados.

Deixando a parte arquitetônica de lado, o que mais impressionou no desembarque foi a quantidade de chineses trabalhando no local. Eu sempre soube que a China tinha um número exagerado de pessoas ligadas ao governo, mas é descomunal o número de funcionários não apenas dos órgãos oficiais, como imigração e segurança, mas envolvidos de alguma maneira com os Jogos Olímpicos, como tradutores (nem os tradutores sabem inglês, é incrível), voluntários, mascotes fantasiados, funcionários do aeroporto... enfim, o que não falta aqui é chinês com sorriso 'Pequim 2008' estampado no rosto.

E dá para ver como eles estão orgulhosos. Não disse no parágrafo anterior que os tradutores não falam inglês apenas para criticá-los. É que logo na chegada a gente já compreende o que anos de isolamento internacional podem fazer com um país. Mas é bonito (até emocionante, se você me permite a pieguice) ver um povo disposto a correr atrás de seu futuro, recuperar o tempo perdido, aprender com dificuldade as palavras mais básicas da língua que tornou-se, à revelia do poderoso governo chinês, o idioma mundial. De voluntários a tradutores, todos tentam sinceramente responder as dúvidas dos turistas que chegam falando em inglês, se esforçam de todas as maneiras para descobrir o que responder diante de um simples *where is the bathroom?*. E ganham a gente pela simpatia, uma certa ingenuidade até, comportamento que lhes confere a licença para abrir os braços e dizer que somos bem-vindos em qualquer língua. Nós, todos os povos do mundo.

Isso é outra coisa que me impressionou desde o momento do desembarque, se você me permite mais uma dose de pieguice. A Olimpíada é um evento mais importante do que vemos na cobertura midiática exagerada e patrocinada por milhares e milhares de marcas. Dividimos o avião com brasileiros, árabes, africanos, chineses, japoneses e gente sei lá mais de onde. No desembarque, esbarramos com a seleção feminina inglesa de hockey na grama, que esperava seu equipamento ao lado de tenistas suecos, mulheres árabes de burca e atletas do Quênia. Todos juntos, sob o mesmo imenso teto do aeroporto-dragão, com os mesmo brilhos nos olhos diante de tantas novidades, aguardando pacientemente o vai-e-vem das esteiras de bagagens. 'Um mundo, um sonho' é o slogan dos Jogos

Olímpicos de Pequim. É emocionante ver na prática que o mundo é realmente um só, mesmo com tantos uniformes diferentes. Se pudéssemos viver isso além da Olimpíada, esse sonho estaria realizado.

Como é que se diz 'será que vai chover' em chinês?

A dificuldade com o mandarim começou a ficar realmente forte na hora de pegar o táxi. Já tinha sido alertado de que deveria trazer o endereço do hotel escrito em chinês, então eu achava que seria simples, apenas mostrar o cartão para o motorista e entrar sorridente no táxi. Foi quase isso: tive a impressão de que o taxista e o funcionário do governo que organizava o fluxo de táxis começaram a discutir sobre o meu local de destino. Digo 'impressão' porque eu nunca vou saber ao certo o que me fez esperar quase dez minutos para entrar no carro. Mas no final deu certo.

Como faço em todo lugar do mundo – inclusive no Brasil, claro –, tentei puxar papo com o taxista. Não sou tão idiota a ponto de esperar que ele falasse inglês. Por isso, ao ver que o clima estava meio nublado (até na China os taxistas devem falar sobre o tempo, pensei), apontei as mãos para o céu, imitando o movimento da chuva com os dedos. *Rain, rain?*, perguntei, sorrindo para confirmar a tese de que as pessoas do Ba-Xi (Brasil em chinês) são simpáticas. Mas o taxista nem olhou para a minha cara. Tentei mais uma vez. *Water? Chuva? Wasser? Eau?* Não esperava que ele entendesse inglês, português, alemão ou francês, mas tinha a esperança de que alguma dessas palavras tivesse uma raiz em comum, uma sonoridade parecida, sei lá. Mas não. O taxista continuou impassível.

Ele estava ouvindo uma rádio de música eletrônica, talvez aconselhado por algum chefe que imagina que todos os ocidentais gostam de bate-estaca. Mas eu queria ouvir alguma coisa em chinês, por isso pedi (tentei pedir seria o termo mais correto) para ele mudar de estação. *China? Music? Qing?*, arrisquei, com ênfase no 'por favor' em chinês. O taxista olhou para mim pela primeira vez. E aumentou o som do bate-estaca.

Como é que se diz 'a primeira noite a gente nunca esquece' em chinês?

O táxi chega e percebo que estou hospedado em

um luxuoso complexo hoteleiro ocidental chamado... Holiday Inn. É sério: enquanto no resto do mundo a cadeia oferece hotéis para todos os níveis e gostos, o Holiday Inn Central Plaza Beijing é um belo exemplo do que pode ser a mistura de eficiência ocidental com sotaque chinês. À primeira vista, não vi nada de diferente no hotel, a não ser os cotonetes de madeira que mais pareciam palitos de dente. Perigosíssimos.

Depois do banho (eu fortemente recomendo um banho após 32 horas de viagem), minha turma (Daniel Piza e o fotógrafo Nilton Fukuda, do Estadão, e a jornalista Janaína Silveira, que mora aqui em Pequim) saiu para jantar. Por sugestão dela, fomos a um restaurante tipicamente chinês em Nanluoguxiang, um *hutong* (bairro antigo tradicional) reformado que se transformou em um dos bairros boêmios de Pequim. Seria mais ou menos a versão local da Vila Madalena – *Vi-Lama-Dalena*, em chinês.

O restaurante fica em uma viela bem simpática, embora muito mais simples que as avenidas dos novos bairros turísticos construídos especialmente para a Olimpíada. Em Nanluoguxiang fica o 'Menor Bar de Pequim', uma caixa de concreto de 12 metros quadrados com apenas uma mesa e três lugares no balcão. O dono costuma dizer com orgulho que seu bar fica lotado todas as noites.

Escolhemos um restaurante de nome chique (Luogu Fusion Restaurant), mas logo de cara pude perceber que higiene e cozinha chinesa são duas coisas que não andam necessariamente juntas. Fingi não ligar para essas coisas, pois imaginei que o chão imundo e os pratos engordurados deviam fazer parte da cultura local. Foi uma aula prática de relativismo cultural, se é que você me entende.

Minha nova melhor amiga de infância Janaína havia me alertado sobre o perigo das pimentas chinesas, mas eu, claro, disse que estava acostumado com temperos picantes. Posso garantir que, comparada com esses pratos, comida mexicana é sorvete. O próprio cardápio, aliás, trazia fotos aterrorizantes de alimentos nunca antes vistos por esses olhos que a terra há de comer. Nem adianta perguntar se o prato é muito picante. Para eles, pimenta nos pratos dos outros é refresco.

Eu fiquei imaginando as garçonetes na cozinha, dando risada e comentando: "Ha, ha, ha, estrangeiro cospe fogo como

dragão, né?" ou algo do tipo. Bom, para não ter que cuspir tanto fogo assim, aprendi a minha primeira frase em chinês: "Wo zhi yao bingde pijiu qing" (Eu quero uma cerveja gelada, por favor). Daí para aprender "eu quero mais uma cerveja gelada" foi fácil, mas agora não lembro mais como era.

Depois de pimentas e cervejas, fomos para um bar onde alguns amigos da Janaína iam se apresentar. Eu não queria dormir cedo, porque me disseram que a única maneira de curar o *jet lag* seria se acostumar ao horário novo desde o primeiro dia.

O Yugong Yishan é um bar com balcão na lateral e palco no fundo, exatamente como em qualquer outro lugar do mundo. Mas o som que tocava naquela noite era uma mistura única: a banda de funk The Verse (sacou o nome?) era formada por músicos chineses moderninhos e duas cantoras bastante atraentes vestidas com biquínis e dançando com toda a malemolência/ginga da mulher chinesa. A maioria do repertório era composto por canções próprias (funks em inglês com sotaque chinês), mas o The Verse arriscou versões competentes de 'Come Together' e 'Satisfaction'.

Encerramos a noite bebendo outras *bingde pijiu* com outros brasileiros que conhecemos no Yugong Yishan. Ou seja, ficamos bebendo cerveja em um bar de Pequim e conversando em português ao som de uma banda chinesa de funk. Nada mais normal para a primeira noite na China.

中国

Holiday Inn Central Plaza Beijing:
1 Caiyuanjie, Xuanwuqu, (8610) 8397-0088, www.holidayinn.com.cn
Beijing's Smallest Bar – 12SQM:
1 Fuxiang Hutong Nanluoguxiang, Gulou, (8610) 6402-1554, das 17h às 0h
Luogu Fusion Restaurant (Drum & Gong):
104 Nanluoguxiang, (8610) 8402-4729, das 10h às 0h
The Verse: www.myspace.cn/vrtheverse
Yugong Yishan: 3 Zhangzizhong Lu, Gulou, distrito de Dongcheng, Gulou. (8610) 6404-2711, www.yugongyishan.com

03.08.08

MEU BEM, MEU MAO

Por mais que você se esforce para mentir para o seu corpo, ele não cai nessa assim tão facilmente: o *jet lag*, aquela fadiga causada pela mudança no fuso horário, é uma sensação fisicamente desgastante, sem dúvida. Você se deita à noite para dormir, mas seu relógio biológico não bate com o relógio de pulso que descansa calmamente sobre o criado-mudo. Depois de algumas horas, o seu corpo parece gritar: 'esse preguiçoso está tentando esticar a soneca da tarde mais uma vez'.

Quando eu era criança, achava que jet lag *era um mal-estar causado nos viajantes porque as pernas ficavam muito tempo espremidas no avião, ou seja, 'jet leg'.*

No segundo dia na China, fiz o que todo mundo que vem a Pequim faz: fui visitar a Praça Tiananmen, a famosa Praça da Paz Celestial.

É uma pena que a gente conheça um lugar tão interessante e mágico apenas por causa do massacre de estudantes em 1989, quando eles se rebelaram contra o governo chinês e exigiram mais abertura política. O objetivo do movimento que ocupou a praça durante quase dois meses, inclusive, é motivo de discussão até hoje na China. Há quem acuse os próprios líderes estudantis de terem provocado a tragédia, já que o movimento era muito desorganizado e as exigências ao governo mudavam de uma hora para outra. A gente sabe no que deu, em uma das imagens mais fortes do século 20. O chinês solitário, na frente de um tanque, revelou ao mundo a fragilidade de milhões de pessoas diante da mão de ferro do governo. Até hoje me vem a imagem de todo o povo da China controlando aquele personagem como se ele fosse uma marionete, um herói movido por milhões de mãos clamando por mais liberdade e pelo fim da corrupção estatal. Não posso garantir se o movimento dos estudantes influenciou essa abertura que começamos a ver hoje na China, mas acredito que eles tiveram, sim, uma parcela de responsabilidade. Para o bem e para o mal.

A praça Tiananmen é a maior praça pública do mundo, com 440 mil metros quadrados. Ela é incrivelmente ampla, limpa, protegida. Há guardas por todo lugar, o que nos faz pensar que a praça é do povo, *pero no mucho*. Na minha opinião, a praça tem dois donos: o governo chinês e... os turistas, que disputam os lugares em frente aos monumentos para posar para fotos. Os guardinhas ao fundo nem piscam.

 *Por que esse guardinhas fazem questão de se mostrar tão sisudos? Não só aqui, mas em lugares como o Palácio de Buckingham etc. Ser alheio ao mundo é condição básica para virar soldado de elite? Eles fingem que a gente não existe, sei lá, é uma coisa meio humilhante. Dá vontade de passar a mão no cabelo desses caras e despenteá-los, mas tenho medo porque não sei se isso dá pena de morte por aqui.*

Em um dos portões da praça reina, supremo, a figura de Mao Zedong. É impressionante ver que, mesmo 30 anos após sua morte, sua figura continua tão presente na vida da cidade. Ele está nos relógios dos camelôs, estampado em toda e qualquer bugiganga, ilustrando os pôsteres nas paredes das casas dos *hutongs*, nas estátuas vagabundas espalhadas pelas lojinhas estilo '25 de março' que são tão comuns em Pequim. E também está na Praça Tiananmen, na entrada da Cidade Proibida, naquela imagem que se tornou um ícone de culto à personalidade, mas também de poder onisciente. Mao observa tudo com um sorrisinho enigmático, uma espécie de 'Mona Lisa' ditatorial, à chinesa, vendo se está tudo do jeito que tem que ser. Dizem que no interior da China ele ainda é idolatrado. É uma sensação única e contraditória ver que também há deuses comunistas. Mao é um deles, talvez o maior.

Saindo da praça, acompanhei meus amigos do Estadão até um dos restaurantes mais conhecidos de Pequim. O Alameda fica em uma pequena rua ao norte da cidade e é freqüentado pelos descolados. Vamos dizer, correndo o risco de soar ridículo, que ele é o 'Spot' de Pequim (restaurante moderninho de São Paulo). O dono do Alameda é o Daniel, um venezuelano com cara de brasileiro, mas quem manda ali é um chef brasileiro de verdade: Valdenir de Souza, mais conhecido como 'Paraíba', é o responsável pela cozinha contemporânea que levou o restaurante a ser eleito por três vezes como o melhor de Pequim.

Como é que se diz 'Aracy de Almeida' em chinês?

Depois de uma bela refeição em Pequim, o que fazer? Tomar um chá, claro. Mas não qualquer um: eu, Daniel e Fukuda (além da correspondente do Estadão, Cláudia Trevisan, e de nossa anfitriã, Janaína Silveira) pegamos um táxi e fomos direto para o Laoshe Teahouse, uma das casas de chá mais famosas e tradicionais de Pequim.

"O que acontece em uma casa de chá?", você vai me perguntar. Eu mesmo me perguntei várias coisas: será que vamos pagar essa fortuna para sentar e tomar chá? Será que o chá é de ouro? Será que tem cerveja? Santa ignorância: a Casa de Chá Laoshe oferece um dos shows mais famosos de Pequim, com vários artistas que se apresentam em um pequeno palco enquanto o público fica conversando e tomando chá. O chá é tão quente, mas tão quente, que suei mais do que andando debaixo dos 35 graus do verão de Pequim.

Demos sorte de estar lá em um dia especial, justamente o início da temporada preparada especialmente para a Olimpíada. Ou seja, vários números traziam referências aos jogos, sempre louvando as equipes da China, a chegada dos estrangeiros etc. Mas o que eram esses números?

Alguns eram bem interessantes, como o cantor que acompanhava uma orquestra tradicional cantando com uma voz inacreditavelmente fina. Ou os lutadores de Kung Fu, que pulavam de um lado para o outro gritando 'iááá' (não consegui deixar de lembrar do 'Kung Fu Panda') tão alto que fiquei até meio com medo. Acho que eles estavam bravos com alguma coisa. Um deles, inclusive, estava tão nervoso que quebrou um pedaço de ferro na cabeça.

Desculpe a sinceridade ocidental, mas alguns números eram bem engraçados, como uma espécie de 'Show de Calouros' milenar. Um dos piores era o número com dois velhinhos imitando passarinhos. Faça-me o favor. Outra mulher, de idade bastante avançada, apresentou-se ao lado de um cara que tocava uma espécie de violão maluco, cantando músicas de duplo sentido (depois me contaram, claro). Ela se parecia com a Aracy de Almeida, só que com mais laquê no cabelo.

Fui dormir com essa imagem na cabeça. Dormi pouco, mas juro que não foi porque tive pesadelos com a Aracy chinesa. Foi o maldito *jet lag*, mesmo.

Este livro vermelho do bem foi inspirado no livro vermelho do Mao

Um pequeno *hutong* de Pequim… uau, eu já vi esse cara em algum lugar

Praça da Paz Celestial: aberta para todos os povos do mundo

Propaganda olímpica em qualquer lugar... até em uma casa de chá

Para que facilitar? É assim que os chineses perguntam se você aceita um chá

37

Ídolo kitsch para turista americano ver? Mao se reviraria no túmulo se soubesse

Cubo Aquático: o templo onde Michael Phelps se tornou um deus olímpico

O mestre dos carimbos sabe tudo: pena que ele errou o nome da minha filha

40

Algumas portas ainda estão fechadas na Cidade Proibida

Cadê os imperadores? Hoje os palácios da Cidade Proibida pertencem ao mundo

Nada mais comum do que assistir ao show de uma banda chinesa... de axé

A arte venceu a guerra: o descolado bairro 798 já foi sede das fábricas de armas

Comidinhas deliciosas: espetinhos de escorpião na avenida Wangfujing

Um cardápio para todos os gostos... e tamanhos

Pandas resgatados de Sichuan: sim, eles são ultra-fofinhos pessoalmente

2008: o ano em que a China viveu sua Revolução Olímpica

Alameda Contemporary Cuisine:
Nali Mall, Sanlitun Jiuba Jie, Distrito de Chaoyang, (8610) 6417-8084
Casa de Chá Laoshe:
Qianmen Xi Dajie 3, Qianmen, Xuanwe, metrô Qianmen, (8610) 6303-6830, www.laosheteahouse.com

中国

04.08.08

UM NINHO DE PÁSSAROS E UM BILHETE DA SORTE

Segunda-feira. Depois de um fim de semana ensolarado e tranqüilo, dá para ver que a cidade é realmente superpoluída. Abri a janela e quase não vi os prédios em frente, de tão cinza que estava o ar. Chegar aqui no sábado me iludiu, até porque o céu estava de um azul tão deslumbrante que virou até manchete de jornal. Sério.

O China Daily é um jornal em inglês controlado pelo governo – como todos os jornais, aliás. É incrível: deve ser o único jornal do mundo que praticamente só tem

boas notícias. Será que se todos os jornais fossem assim o mundo seria mais feliz?

Apesar de todo o esforço do governo – a maioria das fábricas e empresas poluentes na região de Pequim foram fechadas temporariamente por causa da Olimpíada – não é apenas o ar que está péssimo: o trânsito faz nós, paulistanos, nos sentirmos em casa. E olha que aqui o um rodízio é bem mais radical, com carros circulando dia sim, dia não, dependendo se sua placa é par ou ímpar. Se o trânsito está assim com apenas metade dos carros nas ruas, imagina como é normalmente. Na minha modesta opinião como urbanista (que não sou), outro problema de Pequim é que as autoridades também subdimensionaram o número necessário de táxis na cidade. É difícil pegar táxis nas ruas e a tendência é piorar após o dia 8, quando todos os 450 mil turistas esperados para os 29º. Jogos Olímpicos tiverem chegado.

Um pequeno detalhe: hoje, 4 de agosto, é meu aniversário. Nunca imaginei passar meu aniversário na China, mas a vida é assim mesmo. A gente acha que pode controlar as coisas, mas são as coisas que nos controlam (se para você isso soa como filosofia de quinta categoria, está corretíssimo. Mas me dá um desconto porque hoje é meu aniversário, vai).

Não ligo muito para essas coisas (até parece), então, para mim, hoje é apenas um dia como qualquer outro. E já que estamos na cidade da Olimpíada, já estava na hora de dar um passeio pelo bairro onde estão os estádios construídos especialmente para os Jogos, uma área nova ao norte de Pequim.

O Estádio Nacional, mais conhecido como Ninho dos Pássaros, é realmente impressionante. Não tanto pelo tamanho (ele parece menor do que nas fotos), mas porque o projeto criado pelos arquitetos do escritório suíço Herzog & Meuron tem uma estrutura bastante única e inovadora. Parece mesmo um ninho, apesar de os caras garantirem que não tinham isso em mente quando elaboraram o projeto. A impressão, olhando de fora, é que jogaram 45 mil toneladas de aço em um terreno baldio e, do jeito que caiu, ficou (arquitetos brasileiros, não tentem fazer isso em casa). Há uma espécie de caos estrutural que cria uma sensação de algo incontrolável, como se os 36 quilômetros de aço estivessem 'amarrando' o estádio em um laço aleatório para não deixá-lo desmoronar. Aqui será a abertura da

Olimpíada, evento para o qual não arranjei convite. Terei que me contentar em assistir ao evento em um dos 26 *Cultural Squares* da cidade, centros esportivos com telões espalhados por Pequim. Não quero pagar US$ 3 mil para um cambista chinês, preço do ingresso para a festa de abertura no mercado negro.

Ao lado do Ninho dos Pássaros (adoro esse nome), outro prédio maravilhoso: o Centro Aquático Nacional, o famoso Cubo D'Água, onde serão disputadas as provas de natação. Por fora, é pavilhão de vidro azul, com bolhas ligadas em forma de gomos (à noite, os gomos mudam de cor e ficam ainda mais lindos). Mas por dentro – quem contou foi o Daniel Piza, já que não consegui entrar – esse tom de azul não é visível, o que dá a impressão de que o prédio é um enorme cubo de vidro transparente. O projeto dos australianos do escritório PTW, no entanto, não é feito de vidro, mas de um material especial que deixa passar a luz do sol e economiza cerca de 30% de energia. Mais politicamente correto impossível: isso quer dizer que, apesar de ser azul, o Cubo Aquático é, na verdade... verde.

Imaginar todo o esforço que os atletas vão fazer dentro daqueles estádios acabou me dando fome. Eu,

Daniel e nossa tradutora chinesa, Grace (não, ela não sabe quem foi Grace Kelly), fomos almoçar em mais um restaurante típico. Pedi um prato que se parecia com aquele que no Brasil estamos acostumados a chamar de frango xadrez. Em mais uma descoberta gastronômica importantíssima, aprendi mais duas expressões. A primeira foi *bulade*, que significa 'prato sem pimenta'. A segunda, que se aplica mais ao meu gosto pessoal, foi *weila*, expressão para os pratos 'só um pouquinho picantes'. Desta vez não cuspi fogo – e olha que nem precisei pedir cerveja gelada. Que os comunistas não me ouçam, mas graças a Deus existem tradutores na China.

Nada melhor do que uma caminhada depois de um frango xadrez em Pequim. Fomos até uma rua bastante charmosa, Liulichang, conhecida por lojinhas de antigüidades e artistas que desenham em papel de seda. Comprei umas gravuras e mandei fazer um daqueles carimbos típicos com o nome da minha filha em chinês. Ficou lindo, só que o artista trocou a letra 'S' pela letra 'Z'. É claro que eu nunca saberia disso se a tradutora não estivesse comigo. E aí, será que peço para o cara fazer de novo? Fiquei meio receoso, mas acabei pedindo. Ele sorriu e disse 'claro' (isso é o que eu acho que ele disse, embora ele possa ter me xingado enquanto sorria, pois a tradutora não estava perto).

Festa de aniversário na China? Lógico. Fomos em uma turma grande para o Face, um bar/restaurante de três andares bastante sofisticado e com ar cosmopolita. Depois fui descobrir que trata-se de uma 'rede de baladas', com franquias em Cingapura, Bangcoc e outras capitais do oriente. Quase não havia chineses por lá, a não ser os garçons. Engraçado o dono do Face ter contratado justamente os chineses que falavam o pior inglês em todo o país para atender clientes quase exclusivamente estrangeiros. Deve haver alguma lógica nisso, mas ainda não consegui descobrir qual.

Foi uma noite memorável. Além de passar o aniversário na China ao lado de pessoas maravilhosas, ganhei os dois presentes mais estranhos que já vi: a Fernanda, uma amiga da Janaína, me deu um pêssego. Sério, ela disse que o pêssego representava alguma coisa, mas depois de alguns drinques eu já não lembrava mais o que era. O outro presente foi um bilhete em chinês. Explico: como os taxistas têm dificuldade em encontrar meu hotel, uma outra amiga da Janaína escreveu em chinês em um papelzinho um recado ensinando qual é o melhor caminho para chegar lá. Agora eu mostro para os taxistas e não preciso dizer nada. Genial.

Shengri kuaile, termina o bilhete que ganhei de presente. Fiz 38 anos, mas pelo menos já sei como se diz 'feliz aniversário' em chinês.

> **China Daily:** www.chinadaily.com.cn
> **Face:** 26 Dongcaoyuan, Gongti Nanlu, Distrito de Chaoyang, das 14h às 2h, (8610) 6551-6788
> 中国

05.08.08

CIDADE PROIBIDA, PIRATARIA LIBERADA

Pequim fica mais lotada de gente a cada dia, e isso deixa o centro histórico cada vez mais parecido com um formigueiro. É nessa região que estão duas das maiores atrações da cidade, a Praça Tiananmen (Praça da Paz Celestial) e a Cidade Proibida (Cidade Proibida, mesmo).

O governo tentou emplacar o nome 'Museu do Palácio' para substituir 'Cidade Proibida', mas não pegou. Para todo mundo, ali é e sempre será a 'Forbidden City'. Outra coisa: Pequim foi sendo construída ao redor do quadrilátero central onde estão os monumentos, por isso é sempre bom acrescentar a um endereço o 'anel' em que ele está localizado em relação ao centro histórico. Há seis ou sete anéis, ao todo. O Holiday Inn, por exemplo, fica no canto sudoeste do segundo anel.

Como eu já tinha conhecido a Praça Tiananmen, reservei um dia só para a Cidade Proibida. Preferi não fazer os dois passeios juntos, o que se mostrou uma decisão muito sensata. Parece meio bobo chamar o bairro de 'Cidade Proibida', já que hoje é um local liberado para qualquer um. Mas a verdade é que o principal complexo de palácios dos imperadores da China é cercado por muros altos e já foi um lugar onde o povão não podia nem pensar em entrar. Cada um, cada um, mas devia ser revoltante imaginar que seus 9.999 cômodos (9 é o número do imperador) eram ocupados apenas pelo imperador e sua pequena elite, que vivia em um luxo indescritível.

A Cidade Proibida começou a ser construída em 1406 e dizem que mais de um milhão de pessoas trabalharam na obra (o que quer dizer, então, que a China já tem gente pra burro há muito, muito tempo). Mesmo com tantas pessoas envolvidas, a sede do império demorou catorze anos para ficar pronta. A Cidade Proibida devia ser tão melhor que o resto de Pequim que os pais mandavam para lá seus filhos pequenos, aos oito anos, para trabalhar como eunucos. Para quem não se lembra das aulas do colégio, esses eunucos eram guardas e serviçais que podiam trabalhar dentro dos muros da Cidade com uma pequena condição: eles não podiam ter pênis. Imagina só você chegar para o seu filho e dizer: "andei pensando no seu futuro, filho, e decidi te mandar para um lugar muito legal, onde a primeira coisa que vão fazer é cortar seu pipi fora e colocá-lo em uma jarra." "Que bom, papai, muito obrigado". Uau.

Sabe por que faziam isso? Para o imperador não correr riscos. Sabe como é, vai que a imperatriz ou alguma de suas concubinas resolve dar uma voltinha pela Cidade Proibida e, de repente, resolve tirar uma soneca em um dos 9.999 cômodos... o imperador precisava se garantir para poder dormir tranqüilo.

> *Até que a exigência do imperador faz sentido. O ser humano não resiste às tentações da carne. Aproveitando que 2008 é ano de eleição, poderíamos pensar em aplicar esse conceito ao mundo da política. Para concorrer, todo candidato a cargo público devia fazer voto de pobreza, por exemplo. Só para garantir, sabe? Assim, nós também poderíamos dormir tranqüilamente.*

Você deve se lembrar do filme 'O Último Imperador', de Bernardo Bertolucci. Filmado em 1987, a produção estrelada por John Lone, Joan Chen e Peter O'Toole teve a honra de ser a primeira a ter permissão para filmar na Cidade Proibida.

Posso dizer uma coisa? O lugar é simplesmente inacreditável e imediatamente se tornou um dos lugares mais lindos que já estive na vida. Vou tentar explicar como é: você vem da Praça Tiananmen e caminha até o portão sul da Cidade Proibida, passando bem debaixo daquela imagem do Mao Zedong que a gente está acostumado a ver. Pronto, você entrou na Cidade Proibida. A partir daí, são palácios e palácios para todos os cantos para onde se olha, um mais bonito que o outro. Quem anda em linha reta passa por diversos portais, que levam a outros palácios semelhantes e maravilhosos. Isso quase não acaba: não consegui nem contar por quantos portais eu passei até chegar a um lindo jardim, onde havia uma inscrição que nunca mais vou esquecer:

> *'Um simples ato de descuido leva*
> *à perda eterna da beleza.'*

Lindo, não? É claro que 'beleza' entra aí como símbolo de pureza, verdade, e não como atributo físico. Já imaginou se fosse? 'O cara escorregou, caiu de cara no chão e perdeu dois dentes. O ditado já previa que os descuidados acabam virando feios.'

Saímos da Cidade Proibida e fomos almoçar no Da Dong, um dos restaurantes mais famosos de Pequim. O prato? *Beijing kaoya* (mais conhecido como 'pato a Pequim'). À meia-luz e em um local tão elegante, foi engraçado ver o chef trazer o pobre patinho até a minha mesa e arrancar o pescoço dele na minha frente.

Não combina, embora o chef tenha feito isso com um tremendo charme, usando luvinhas brancas e tal. Depois, ele fatiou o pato e o colocou em um pratinho, um pedacinho ao lado do outro, arrumadinho, até formar uma espécie de desenho geométrico. Está pensando que eu já podia começar a comer? Que nada. Disseram que eu tinha que colocar o patinho dentro de uma espécie de panqueca, dobrá-la, segurar o pacotinho com o *kuaizi* (palitinhos) e molhá-lo em um dos vários molhos. Estava tão bom que, por algumas horas, me senti um imperador.

Nada como uma boa caminhada após uma refeição imperial, por isso nossa tradutora Grace nos levou para dar uma volta no popular Mercado da Seda. Quem acha que a 25 de março é uma loucura precisa dar uma olhada nisso.

Em primeiro lugar, pirataria é um conceito que não existe na China. Afinal, o que há de errado em colocar etiquetas Ermenegildo Zegna em gravatas costuradas por catorze menores de idade no porão da sua fábrica? Os chineses certamente devem pensar que isso é aceitável, porque esse shopping de vários andares oferece qualquer produto que você pode imaginar no mundo. Alguns são realmente de boa qualidade, e devem até ser mesmo contrabandeados das próprias empresas que fabricam os produtos originais na China. Outros são ridiculamente malfeitos, como pude constatar pelos belíssimos exemplares de jeans 'Diezel' e tênis 'Mike' à venda.

Desculpe a modéstia, mas no Mercado da Seda tive a impressão de que eu era um dos caras mais bonitos do mundo. Entrei no local e as vendedoras quase se estapearam para me agarrar. Não é modo de dizer, não, elas agarraram meu braço e brigaram para me arrastar para dentro das lojinhas. Sucesso total – durante 30 segundos. Aí eu caí na real e vi que elas faziam isso com todos os estrangeiros que entravam lá. Pensei até em ficar bravo, meio com ciúmes, mas daí percebi que essa é a beleza do capitalismo: a livre concorrência.

Antes de ir embora, uma das vendedoras insistiu tanto que comprei quatro gravatas Ermenegildo Zegna. Só depois, já na saída, lembrei que não uso gravata. Pensei em usar minhas gravatas novas todas de uma vez, na mesma noite, só para provar pra mim mesmo que eu estava certo em aproveitar a pechincha. Mas daí lembrei que tinha um convite para assistir a um samba chinês em uma casa noturna chamada Mao Livehouse, e achei que o estilo não ia combinar tão bem.

Como é que se diz 'avisa lá que eu vou' em chinês?

O Sambasia Beijing é um projeto liderado por um músico americano filho de filipinos, o baterista Jimmy Biala. Apaixonado pelo Brasil, ele não fala português mas ensina os chineses a tocarem como brasileiros. E faz isso muito bem, porque o grupo, tirando um momento ou outro de indefinição, é bem legal. É claro que é engraçado ver um grupo de vinte chineses no palco tocando percussão e vestidos como o Olodum. Mas deu um certo orgulho ver que, de todos os países do mundo, eles escolheram gostar do Brasil, dos tambores do Brasil, do ritmo do Brasil. Sem contar, claro, que as chinesas sambando na platéia eram um show à parte.

Depois de ouvir o sotaque chinês das vocalistas cantando 'Avisa lá, avisa lá, avisa lá, ô ô, avisa lá que eu vou...', foi a hora de ser ainda mais brasileiro. Quem já morou fora sabe que a saudade provoca essas coisas. Fiquei feliz quando acenderam a luz do Mao Livehouse; o público (formado principalmente por brasileiros, mas também por muitos estrangeiros – além de chineses) formou uma rodinha e começou a bater palmas, chamando todos para a dança. Não demorou muito para alguns brasileiros se arriscarem nos passos de capoeira, jogando com gosto para chinês ver.

Pouco antes do final, um canadense daqueles branquelos e altões entrou na roda para jogar com os brasileiros. Diante da pressão até que ele não fez feio, mas me levou a pensar que, mais estranho que um canadense jogando capoeira, só mesmo um monte de chineses tocando axé.

> **Da Dong:** Chang Hong Bridge, Third Ring Road, (8610) 6582-2892
> **Mercado da Seda:** Xiushui Dongjie, 8 Jianguomenwai Dajie, distrito de Chaoyang, das 9h às 21h, (8610) 5169-8800
> 中国
> **Mao Livehouse:** 111 Gulou Dong Dajie, distrito de Dongcheng, (133) 6612-1459, www.maolive.com
> **Sambasia Beijing:** (1343) 904-8812
> www.sambasiabeijing.com

06.08.08

ARTE, CIVILIZAÇÃO E COMIDAS ESQUISITAS

Estou escrevendo ao som de uma de minhas músicas favoritas, 'Right Where it Belongs', do Nine Inch Nails. Ou seja: sou um brasileiro em um quarto de hotel em Pequim ouvindo uma banda americana em um aparelho de som japonês. O mundo ficou pequeno mesmo.

Já tinha ouvido falar de Dashanzi antes mesmo de sair do Brasil. Mais conhecido como 798, é o distrito onde estão as galerias de arte contemporânea chinesa. Sim, eu gosto bastante de arte contemporânea, apesar de 11 entre 10 críticos atuais falarem mal desse movimento. Talvez em sessenta anos a crítica finalmente mude de idéia, mas acho que não estarei por aqui para ver. Por favor, peça para os netos deles avisarem aos meus netos que o vovô Machado estava certo.

Assim como o planeta, a arte tem cada vez menos fronteiras. O 798, que fica ao norte de Pequim (como todo os bairros legais, aliás, já que o sul da cidade é bem pobre), poderia estar localizado em qualquer metrópole do mundo. As galerias trazem alguns artistas bastante influenciados por temas/técnicas chinesas, mas a grande maioria das obras expostas em Dashanzi é de autoria de homens e mulheres extremamente cosmopolitas e antenados com as últimas tendências artísticas do ocidente.

Dashanzi é uma espécie de bairro formado por vários 'Sescs Pompéia' (desculpe, a referência é paulistana), prédios de tijolinhos que costumavam abrigar fábricas de armas e que agora formam um complexo de galerias de arte. Nesse bairro dos artistas, o melhor programa é sair caminhando e descobrindo as galerias mais interessantes. Além disso, o 798 é cheio de cafés ocidentais, com estrangeiros e chineses moderninhos dividindo pedaços de pizza vegetariana e mocaccinos. É difícil fugir da comparação com outros bairros internacionais semelhantes, como o SoHo, em Nova York.

Mas o que há dentro dessas galerias? Quadros, instalações, esculturas, pinturas, fotografias. A exposição mais interessante que vi foi 'Our Future', no Ullens Chinese Center for Contemporary Arts. As obras são da coleção Guy & Myriam Ullens Foundation Collection, casal de mecenas belgas que arrecadam milhões de dólares desde 1980 vendendo quadros do britânico William Turner para investir em arte chinesa.

A mostra 'Our Future' é batizada em homenagem a uma obra do artista Lin Yizin, bastante representativa do nosso tempo. 'Our Future' é um muro quebrado com uma parte do corpo de um dragão saindo para o lado de fora, como se o bicho estivesse rompendo o concreto e ganhando a liberdade. Apesar da obviedade da metáfora em relação ao momento que a China vive, a obra é interessante e visualmente poderosa.

Outros destaques da mostra: o quadro 'Game Over: Long March', de Feng Mengbo, que brinca com símbolos chineses e retrata Mao Zedong como herói de videogame; as fotos gigantes de pessoas se abraçando dos internacionalmente 'hypados' Gao Brothers; as dramáticas fotos em preto e branco de artistas como Qihong, Wu Jialin e Xie Hailong, 'Sebastiões Salgado' chineses que retratam o sofrimento e a pobreza no interior do país; as esculturas 'borradas' de Yin Zhaoyang, com rostos disformes e apáticos. A arte chinesa está tão antenada que já existem até referências aos atentados de 11 de setembro, como na obra 'From Pompeii to New York', de Xu Dongping, em que o artista compara as torres gêmeas a vulcões em erupção.

Nem tudo é maravilhoso, porém: algumas obras de arte contemporânea são apenas divertidos passatempos, como existe no mundo inteiro, aliás. É o caso da instalação 'Viagem no Tempo' de Wang Du, túnel repleto de monitores de TV que levam a um escorregador; ou as dezenas de trabalhos que misturam exaustivamente a arte pop de Andy Warhol e os símbolos da Revolução Cultural.

> *A maior prova de que o 798 é cosmopolita, no entanto, pode ser vista na saída de praticamente todas as galerias: os chineses aprenderam que as lojinhas de merchandising são tão importantes quanto as obras expostas. Deveria haver um cartaz escrito 'Aprecie a nova arte chinesa e aproveite para comprar uma camiseta.' Bom, eu comprei mesmo sem esse cartaz.*

Almoçamos em um restaurante delicioso que me lembrou o Spot, em São Paulo, por causa do steak com molho bernaise que fiz questão de pedir. Depois do almoço, fomos finalmente visitar Wangfujing, a rua onde ficam os quiosques com as comidas 'exóticas'.

O cheiro do lugar é insuportável; é quase tão ruim quanto o visual dos petiscos expostos nas barraquinhas. Imagine só uma infinidade de espetinhos de abelha, centopéia, bicho-da-seda, estrela-do-mar, escorpião, cachorro e muitas outras iguarias horrorosas. Antes de sair do Brasil, todo mundo me perguntava se eu teria coragem de comer algumas dessas coisas. Eu dizia que não, claro. Chegando lá, acabei experimentando carne de cachorro, porque pelo menos não cheirava tão mal e nem tinha perninhas que arranhariam minha garganta e inevitavelmente me fariam vomitar. Nem sei se era cachorro mesmo ou se o cara me enganou; só sei que parecia um frango empanado, com o gosto levemente suavizado (graças a Deus) por um litro de shoyu.

Engana-se, porém, quem acha que esse tipo de comida é comum em Pequim. A rua tem alguns chineses, sim, mas a grande maioria que vai atrás dessas esquisitices somos nós, estrangeiros. Se a gente parar para pensar, vai constatar que esses pratos são realmente incomuns para os ocidentais, mas também não podemos dizer que uma feijoada caprichada, daquelas cheias de partes íntimas do porco, é o prato mais civilizado que existe. E o que dizer daqueles franceses fazendo biquinho para comer escargot, que não passa de uma lesma metida a besta? É difícil se livrar dos preconceitos e entender as diferenças entre os povos, mas é extremamente necessário. As matérias na CNN ridicularizando hábitos dos chineses me deixam revoltado. Os Estados Unidos acreditam que são os representantes da civilização ocidental, mas um país obcecado por Paris Hilton e Britney Spears não tem moral para ridicularizar ninguém.

Talvez a arte seja uma maneira mais inteligente de entender o que pensa e sente o ser humano. Afinal, o mundo será um lugar melhor se tivermos humildade e paciência para aprendermos uns com os outros. Eu, pelo menos, estou tentando. Só não venha me oferecer um espetinho de carne de panda porque aí o bicho vai pegar.

> **Ullens Chinese Center for Contemporary Arts:**
> 798 Art District, 4 Jiuxianqiao Lu, Chaoyang, (8610) 8459 9269,
> http://ucca.org.cn
>
> 中国

07.08.08

A SEGUIR, CENAS DOS PRÓXIMOS CAPÍTULOS CHINESES

Tem gente que se afasta de tudo para tirar um ano sabático, certo? Pois o meu sexto dia em Pequim foi um 'dia sabático', se é que se pode chamar assim um dia em que passei praticamente todo o tempo no quarto do hotel. Não, não estou passando mal por ter comido o polêmico (e horrível) espetinho de cachorro. É que tive que adiantar várias coisas de trabalho e aproveitei a véspera da abertura da Olimpíada para deixar tudo em ordem.

Também descansei e vi um pouco de TV chinesa. Por favor, não vou voltar a falar de 'respeito à cultura de povos diferentes' porque isso já está subentendido, ok? Mais do que ninguém, respeito a China e estou aprendendo a amar cada vez mais a cultura desse lugar, mesmo parecendo que, quanto mais você aprende, mais fica difícil entender.

Lembra que eu falei outro dia sobre uma visita a uma casa de chá tradicional? Pois é, eu achei tudo muito ingênuo, infantil até. Pois a TV chinesa é a mesma coisa. Quer dizer, em parte: como aqui é tudo superlativo, a TV também tinha que ser. Não sei se é apenas porque estou em um hotel internacional e o acesso à informação é mais fácil, mas o controle remoto me mostra que tenho 60 canais chineses à disposição, além dos internacionais CNN, BBC, National Geographic (acabo de ver um trecho de um documentário sobre pandas gigantes, sou apaixonado por pandinhas) etc. Alguns deles são bem 'ocidentalizados', com cenários nitidamente influenciados por canais de TV ocidentais de jornalismo. Outros mostram videoclipes de todos os estilos, mas principalmente de artistas chineses. E tem de tudo: rappers, pianistas eruditos, pop, emo... Notei também que eles adoram vozes com eco: praticamente todos os comerciais abusam de alguma espécie de variável desse efeito sonoro. Mas a grande maioria dos canais mostra mesmo a China do dia-a-dia, aquela que a gente não entende e nunca vai entender. Parei de zapear em algum canal e, claro, não compreendi nada. Acho que era uma história de um tipo de amor proibido, pois um homem mais velho colocava uma garota de castigo e o namorado dela ia embora, tristonho. O figurino era lindo e supercolorido; os três estavam com os rostos pintados de branco, como máscaras estilizadas (o pai parecia um demônio, a garota era uma perfeita princesinha, o namorado usava uma maquiagem meio heróica); o cenário era uma típica casinha do interior. Foi então que percebi: eu estava assistindo a uma novela chinesa. Esperei um pouco para ver se a Lucélia Santos ia aparecer vestida de Escrava Isaura, mas não rolou.

Voltando às diferenças culturais e à aparente ingenuidade, a novela mostrava o pai gritando exageradamente, com os braços para cima, hiperdramático. Enquanto isso, a garota chorava, cantava e dançava ao mesmo tempo; o namorado infeliz resmungava deitadinho no colo de um amigo. Ou seja, tudo muito teatral, literal, ingênuo. Depois mudei de canal e vi que pelo menos metade dos canais mostrava alguma novela desse estilo.

Em outro programa, também muito interessante e engraçado (eu adoraria entender o que eles estão falando), um bando de marmanjos vestidos com umas roupas espaciais estilo Ultra-Seven participavam de um *game-show* superanimado. O apresentador era um cara bem mais velho, o que tornava a cena ainda mais surreal (e ridícula). Eles pareciam levar aquilo tão a sério... ops, no Brasil os marmanjos também se vestem de Jornada das Estrelas e ninguém fala nada. Acho que pagar mico é uma atividade mundial.

Chegou a hora, então, do programa que eu estava esperando para ver na TV: a estréia da Seleção Brasileira na Olimpíada, contra o time da Bélgica. O jogo em si foi bem meia-boca, só valeu a pena para ouvir os locutores chamando os jogadores de *Ro Nal Di No* e *Pá Tô* com sotaque chinês. Esperei o Brasil marcar um gol para ver como se falava 'gol' em chinês, mas fiquei meio decepcionado. O cara emendou uma frase tão comprida que percebi que até o que seria um ato de explosão de alegria para a cultura brasileira aqui vira apenas uma frase monótona e apática, sem altos e baixos. A maneira como um povo expressa sua emoção diz muito sobre ele, talvez mais do que a gente imagina. Diferença cultural é isso aí.

Como é que se diz 'segundo dedo do pé' em chinês?

Também aproveitei o dia sabático para ler alguns livros sobre a China, e imediatamente me apaixonei por 'O que os Chineses Não Comem', da jornalista

Xinran, colunista do britânico Guardian. O título faz uma alusão ao ditado chinês que diz que na China se come praticamente de tudo, com pouquíssimas exceções. Ela explica: 'Os chineses comem tudo o que voa no céu e você pode ver, exceto aviões; tudo o que nada no rio e no mar, exceto submarinos; tudo o que tem quatro patas sobre a terra, exceto mesas e cadeiras.'

Eu me surpreendi, porque no livro o ditado é contado de maneira firme e séria. Isso significa que a resposta para a pergunta 'o que os chineses não comem?' é bastante limitada.

Xinran é uma jornalista de 50 anos que mora na Inglaterra e fundou a ONG 'Mothers Bridge of Love' (Pontes de Amor das Mães) para fazer uma ponte entre a China e o ocidente, principalmente para crianças chinesas adotadas por famílias ocidentais (isso é muito comum na Europa e nos Estados Unidos). É um trabalho bem interessante, humanitário e sensível.

Mas voltando ao choque cultural, os capítulos em que Xinran fala sobre o relacionamento entre homens e mulheres são os mais interessantes, na minha opinião. As mulheres chinesas, segundo ela, são submissas (ou pelo menos eram, até algum tempo atrás) e são praticamente escolhidas pelos maridos seguindo as tradições chinesas. Em uma pesquisa para seu programa de rádio, Xinran perguntou a mais de mil homens chineses como seria uma mulher ideal. As respostas traziam os tópicos vencedores, com os requisitos que a mulher ideal tinha que ter:

1. Nunca expressar seus pontos de vista em público
2. Gerar um menino para a árvore genealógica do marido
3. Jamais perder a serenidade, ser sempre dedicada e sorrir para o marido
4. Não queimar a comida nem manchar as roupas (esse é meu favorito)
5. Ser boa de cama e ter boa aparência

Outra informação interessante que há no livro é que os chineses, antes dos anos 40, escolhiam as esposas por meio de um teste físico. É sério: pela lei chinesa, o marido tinha 'direito à inspeção física' antes de se casar, já que os casamentos eram arranjados entre o noivo e o pai da noiva. Os médicos chineses acreditavam que o corpo humano dava sinais e estava repleto de informações sobre a personalidade de uma pessoa. Então, nada mais lógico do que fazer uma inspeção.

As características que chamavam a atenção dos homens (e suas conseqüências correspondentes):

1. Olhos baixos, sem sorrir: a garota pode esconder seus verdadeiros pensamentos.
2. Olhos erguidos, sorrindo: ela pode ser namoradeira. (Pelo jeito, eles tinham que escolher entre uma coisa ou outra, não?)
3. Nariz que parece um gancho: ela pode estar atrás do dinheiro da sua família ou ela gosta muito de frutas. (Não consegui entender a relação entre uma coisa e outra; acredito que isso só faz sentido se você é chinês)
4. Lábios curvos: ela é muito negativa e irá lhe importunar. (O que são lábios curvos?)
5. Orelhas macias: ela tem o coração mole demais e é excessivamente generosa com dinheiro. (Não consegui descobrir se isso era bom ou ruim)
6. Testa alta: ela vem de um ambiente talentoso. (Por quê? O pai pintava quadros na testa dela?)
7. Costas curvas: ela poderá trazer vergonha a sua família. (Isso só faz sentido se a garota fosse a versão feminina do Corcunda de Notre-Dame)
8. Dedos compridos e ambos os mindinhos retos:

ela deve ter pernas bonitas. (Não seria mais fácil olhar direto para as pernas?)

E, agora, o meu favorito:

'O segundo dedo do pé mais comprido que o dedão: A mulher poderá ter um relacionamento difícil com a sogra.'
(Se alguém descobrir a relação entre o dedo do pé da mulher e o amor pela mãe do cara, por favor me explique.)
Depois de toda essa sabedoria, eu sei o que você está pensando... se essa inspeção é tão complicada para passar, como os chineses se casaram e se reproduziram tanto?

> *O Que os Chineses Não Comem*,
> Xinran, 192 págs., 中国
> Cia. Das Letras (2008)

08.08.08

FORÇA, MUNDO

A manchete do jornal 'China Daily' resumiu com perfeição o espírito que toma conta da cidade no dia de hoje, abertura da Olimpíada de Pequim 2008: *Welcome, World*. Eu me sinto um privilegiado por poder estar em Pequim em um dia tão único e marcante para a história desse país. Acho que a China vive, desde que foi escolhida como sede dos Jogos Olímpicos, em 2001, uma época tão marcante, tão divisora-de-águas, que pode ser classificada como uma nova revolução. Depois da Revolução Cultural de Mao Zedong – período histórico que os chineses consideram que teve 70% de acertos e 30% de erros –, a China vive a sua Revolução Olímpica.

Exagero? Não, pelo que tenho visto por aqui. Para a China, a Olimpíada não significa apenas dezenas de novos arranha-céus e milhares de turistas nas ruas de Pequim. Parece que já existe uma verdadeira mudança de mentalidade do povo – e digo isso baseado apenas na minha percepção pessoal, já que nunca havia estado por aqui. Sinto é que os chineses, acostumados há tanto tempo a viver em um país fechado e autoritário (e ainda vivem, claro), começam a sentir o gostinho de ser o foco das atenções do resto do mundo. E estão gostando.

Bem-vindo, mundo. O dia da abertura dos Jogos Olímpicos amanheceu cinza; da janela do quarto eu quase não consegui ver o prédio em frente ao hotel. Não sei se está mais poluído do que nos últimos dias; a impressão é que está, sim. De acordo com o 'China Daily', esse maravilhoso jornal que só publica informações positivas (leia-se 'oficiais'), o Comitê Olímpico Internacional "aprovou sem restrições" o ar de Pequim (até parece que eles poderiam ter dito o contrário). Talvez essa poluição do outro lado da janela esteja sendo causada pelo número de aviões que pousaram em Pequim ontem: 1.300. Dá para imaginar 1.300 vôos pousando em um aeroporto só no mesmo dia? Acho que nem o arquiteto do aeroporto, Sir Norman Foster, sonhou vôos tão altos, com o perdão do trocadilho.

Não sei se foi efeito psicológico da propaganda governamental ou a mais pura realidade, mas a verdade é que o clima está diferente na cidade. Havia muito mais gente na rua, o que significa que ficava ainda mais difícil conseguir um táxi, mesmo esticando os braços como um espantalho em frente ao hotel. No caminho para Wangfujing, a rua mais internacional de Pequim, o trânsito também estava bem mais intenso, porém diferente dos outros dias: algumas ruas estavam fechadas; outras, impressionantemente livres. A culpa é dos 80 chefes de governo que vieram para a festa da abertura, número que já é o primeiro recorde desses 29º Jogos Olímpicos. A comitiva de George W. Bush, por exemplo, fechou várias avenidas principais para levar o presidente dos Estados Unidos do aeroporto até o hotel. Bush, assim como outros líderes, digamos, 'mais visados', estão hospedados no novíssimo Pangu, um mísero hotelzinho sete estrelas bem em frente ao Ninho dos Pássaros. Só para constar, a diária na suíte presidencial custa a bagatela de R$ 100 mil.

Tentei conhecer o hotel por dentro, mas não me deixaram nem passar da porta, não sei por quê. Será que eu não tenho cara de alguém que pode pagar uma diária de R$ 100 mil? Esses caras vão ter o troco daqui a alguns anos, quando eu for milionário e pagar uma hospedagem na suíte presidencial para a minha babá.

Apesar de não ser na região do Ninho dos Pássaros, o caminho até a rua Wangfujing estava complicadíssimo. Várias barreiras impediam que o táxi me deixasse no local que eu queria, então fui obrigado a andar pra burro até alcançar o calçadão onde, à noite, telões exibiriam a tão esperada festa de abertura. Pela primeira vez fiquei com raiva de Pequim: as passagens subterrâneas que a gente tinha que usar para atravessar as ruas estavam tão abarrotadas de gente que cheguei a sentir claustrofobia. Os chineses não pareciam estar nem aí, pois se encostavam uns nos outros como se fosse a coisa mais normal do mundo. Para mim, não é: odeio gente encostando em mim, ainda mais quando os termômetros marcam 38 graus.

Finalmente cheguei ao ponto de encontro dos meus amigos, e aí foi uma festa só. Passei o dia conversando e filmando turistas de vários países, gente simpática exibindo os rostos pintados e enrolados em bandeiras, exatamente daquele jeito que estamos acostumados a ver nos videoclipes olímpicos. Isso, aliás, é uma das coisas mais legais de uma olimpíada: as edições com as melhores imagens de vitórias e fracassos dos atletas, além de cenas das torcidas supercoloridas de todos os países celebrando recordes históricos. Para mim, isso mostra que a vida é feita, sim, de grandes vencedores e dramáticos vencidos, mas também de gente normal que colabora com a história do espírito olímpico se enfeitando especialmente para homenagear esses deuses do esporte.

Às 8 horas da noite do dia 8 do mês 8 (agosto) de 2008, milhares de pessoas – entre eles, eu – estavam reunidas na frente de um megatelão de alta definição esperando a contagem regressiva para a abertura olímpica.

'Três, dois, um...'

A rua explodiu em êxtase, com estrangeiros balançando bandeiras e chineses gritando *Zhongguo, Jiayou* (Força, China) com toda a vontade que seus pulmões permitiam. A festa da abertura em si você já sabe como foi: um show inesquecível que misturou a tradição milenar da China com o bom gosto tecnológico do diretor chinês Zhang Yimou. Lembra que tinha um monte de gente voando? Os chineses adoram ver gente voando, pode ter certeza. A cada vez que alguém 'voava' sobre o estádio preso por uma corda, os chineses ensaiavam um 'aaahhh' tímido, porém perceptível. O que eu e minha turma de brasileiros percebemos foi que em cada um dos rostos brilhava uma nação poderosa e autônoma. Toda essa festa olímpica não foi feita apenas para o mundo bater palmas e reconhecer o poder chinês, mas também para o povo sentir a sua própria força e aplaudir a sua própria história.

Foi muito legal ver também o carinho que os chineses dedicavam aos outros povos. Todas as delegações foram aplaudidas – com exceção da Coréia do Sul, com quem a China tem uma rivalidade histórica. De potências como os Estados Unidos a países do 'eixo do mal', como Irã e Coréia do Norte, todos foram saudados com respeito. 'Países famosos', como França e Alemanha, ganharam aplausos mais animados do que o normal, mas as delegações com pouquíssimos integrantes também não passaram em branco. O Brasil ganhou um coro extra no final de seu desfile, graças aos barulhentos brasileiros. Eu estava entre eles, e foi emocionante quando o público da Wangfujing acompanhou quando puxamos o coro de *Baxi, Jiayou* (Força, Brasil, em chinês), imediatamente acompanhado por todos que estavam em volta. O mais legal foi constatar que todos os países mereceram o respeito dos chineses, assim como o mundo inteiro, representado naquela rua, ajudou os anfitriões a gritar *Zhongguo, Jiayou* com toda a força quando a numerosa China surgiu na boca do túnel do estádio.

Tenho que confessar uma coisa: eu chorei no momento em que a delegação da China entrou. Ao ver os chineses se abraçando e comemorando sua força diante de todo o planeta, imaginei sinceramente que o slogan da Olimpíada era algo real, palpável. Durante alguns minutos, eu achei que realmente era possível viver um mundo, um sonho. Planeta Terra, *Jiayou*.

09.08.08

TEMPLO DO CÉU E DA CERVEJA GELADA

O imperador Yongle era como político brasileiro: adorava fazer uma obra. Mas, ao contrário dos nossos líderes, que pensam apenas no curto prazo, o chefão da dinastia Ming era um visionário disposto a ser imortalizado nos livros como o homem mais empreendedor da história de Pequim.

E como se não bastasse ter mandado erguer a

maravilhosa Cidade Proibida, ele ainda encomendou o Templo do Céu, um lugar que, com o perdão do trocadilho, é um verdadeiro paraíso. A Cidade Proibida demorou catorze anos para ficar pronta: um milhão de pessoas trabalharam na obra entre 1406 a 1420. No mesmo ano em que a obra foi inaugurada, Yongle começou a construir o Templo do Céu. Esse cara não perdia tempo.

Feito de madeira e com azulejos azuis que representavam o paraíso, cada detalhe do templo foi construído em nove partes (olha aí o número do Imperador de novo). Para a gente entender um pouco o trabalho que deu, uma maquete na entrada do templo explica a construção.

> *Se a própria maquete já deve ter dado um trabalho desgraçado para construir, imagine então o templo de verdade.*

O Templo do Céu fica no meio de um parque igualmente lindo, cheio de flores e arvorezinhas chinesas que parecem ter sido plantadas antes do descobrimento do Brasil. O que mais gostei no parque e no templo, assim como na maioria das construções antigas de Pequim, foi o equilíbrio harmônico de seus elementos. Não há beleza maior que a simetria perfeita das linhas paralelas.

Saindo do templo, eu e meus colegas do Estadão fomos encontrar outros amigos brasileiros para um delicioso almoço em um restaurantezinho descolado chamado The Olive. O local tem um clima espanhol, mas a dona é irlandesa – o que me deixou meio confuso. À noite, tivemos uma experiência semelhante em termos de confusão: fomos jantar no Le Little Saigon, um delicioso restaurante vietnamita cujo dono era… francês.

A rua Jiuguloudajie, inclusive, é uma das mais legais para quem quer sair na balada em Pequim. Ontem, sábado à noite, seus vários bares e restaurantes estavam bem cheios. Como a noite estava ótima, resolvemos esticar o programa e fomos ao Bed Bar, uma casa noturna pertinho do restaurante.

No caminho até o Bed Bar, entrei em uma vendinha para comprar uma cerveja e dei de cara com um gigante. Sério, o cara tinha mais de dois metros e nem cabia direito lá dentro. Como ele estava vestido com um

> *uniforme olímpico, perguntei se ele era de alguma delegação. 'Basquetebol, Croácia', ele respondeu. E saiu, de mãos dadas com uma mulher e uma caixa de cerveja debaixo do braço. Detalhe: a Croácia jogava no dia seguinte. Não é à toa que eles não foram muito longe na competição.*

O Bed Bar era um lugar muito louco: imagine várias salas VIP pequenininhas, com camas no lugar de cadeiras. Era como se houvesse um tatame suspenso ao redor de uma mesinha de centro, tudo de madeira e decorado com temas orientais. Só a música que não era nem um pouco típica: o DJ (um chinês esquisitão, com permanente no cabelão liso) mandava ver em uma música eletrônica hipnotizante, *mezzo* trance, *mezzo* house chinês. Coloquei meu mandarim em prática e pedi uma *pingzi bingde pijiu* (garrafa de cerveja gelada) da marca Tsingtao, a mais popular da China. Pela primeira vez desde que cheguei, posso dizer que tomei uma cerveja estupidamente gelada. A noite estava tão quente que, a cada gole, parecia que eu estava entrando no Templo do Céu.

Como é que se diz 'notícias populares' em chinês?

Não há censura de imprensa na China, ao contrário do que as pessoas pensam. Calma, explico: não há censura porque a imprensa aqui é apenas uma forma de divulgação da versão oficial dos fatos. Portanto, não precisa nem ser censurada.

Em momentos como agora, no entanto, fica difícil esconder alguma coisa, principalmente porque há 40 mil jornalistas espalhados pela China. "Não é maravilhoso receber amigos que vieram de tão longe?", diz o ditado de Confúcio que inspirou a festa de abertura da Olimpíada. Pois é, fica mais difícil varrer a sujeira para baixo do tapete quando seus amigos estão sentados no sofá, bem no meio da sala.

É por isso que não me espantei quando li no jornal China Daily uma matéria sobre o ataque de ontem a um casal de turistas americanos e a uma guia chinesa – com direito até a uma pequena chamada na primeira página do jornal. 'Um americano morreu e duas mulheres estão internadas – o agressor cometeu suicídio logo após o incidente, saltando da 'Torre do Tambor', ponto turístico histórico de Pequim', diz a matéria. O jornal não explica o motivo ou a forma do ataque; diz apenas que o 'porta-voz do governo municipal de Pequim emitiu um comunicado oficial' sem maiores detalhes.

> *Ué, mas esse jornal não é justamente a voz oficial do governo? Por que o jornal não foi atrás de maiores detalhes? Deixa pra lá.*

Em outra matéria que saiu no mesmo dia, uma idéia melhor de como funciona a imprensa por aqui. Ontem, mais ou menos na mesma hora em que o chinês atacava os turistas americanos (12h20, hora local), cinco estrangeiros foram presos porque abriram uma bandeira do Tibete no meio da Tiananmen, a Praça da Paz Celestial. Olha só como o jornal publicou o fato:

"Um grupo de chineses protestou contra cinco estrangeiros por incitar a 'independência do Tibete' (as aspas são do jornal) na Praça Tiananmen, ontem ao meio-dia. Os cinco foram levados pela polícia de Pequim e logo depois a praça voltou ao normal."

Notou a sutileza? Quer dizer, cinco caras foram presos por defender a independência do Tibete, mas o jornal diz que a notícia é justamente o protesto dos chineses... contra a 'incitação' dos estrangeiros.

Não quero entrar no mérito da independência do Tibete, acho que isso é um problema interno dos chineses. E acho que qualquer opinião a respeito do assunto, de qualquer estrangeiro, é baseada apenas no ponto de vista ocidental, ou seja, não chega nem perto de compreender a complexidade do assunto.

Por outro lado, penso que só o fato de divulgar que os estrangeiros foram presos por determinada razão, mesmo que a mensagem estivesse escondida no meio de outras informações, já foi um avanço. Mas apenas em um exercício de estilo, vamos imaginar como poderia ter sido publicada a notícia do ataque aos americanos em uma versão, digamos, mais 'oficial':

'Dois turistas e uma guia chinesa caíram sobre um objeto pontiagudo de um chinês de 48 anos que meditava calmamente na Torre do Tambor. Para não manchar a sua honra, o chinês se viu obrigado a saltar do alto da torre, monumento histórico de Pequim erguido em 1272 pela dinastia Yuan e originalmente construído totalmente de madeira.'

Uau. Acho que já posso trabalhar no 'China Daily'.

> **Templo do Céu:** Yongdingmen Donjie, Chongwen, das 8h às 17h, (8610) 6702-8866, Metrô Chongwenmen
> **The Olive:** 17 Gongti Beilu, em frente ao portão norte do Worker's Stadium, Distrito de Chaoyang, *(8610) 6417 9669*
> **Le Little Saigon Vietnamese & French Bistro:** 141 Jiuguloudajie, Xicheng, Distrito de Xicheng, (8610) 6401-8465
> **Bed Tapas & Bar:** 17 Zhangwang Hutong, Jiuguloudajie, Distrito de Dongcheng, (8610) 8400-1554

中国

10.08.08

UM DIA OLÍMPICO (OU O QUE EU E GEORGE W. BUSH TEMOS EM COMUM)

Meu dia não teve nenhum desses passeiozinhos de templinho de não sei o quê para lá, imperadorzinho de não sei o quê para cá. Hoje o meu negócio foi esporte, afinal o mundo inteiro está aqui para isso, não é?

E os turistas brasileiros também, diga-se de passagem. Encontrei vários deles, todos muito simpáticos e animados (alguns até demais, para falar a verdade), no primeiro evento verdadeiramente esportivo-olímpico que tive a oportunidade de participar por aqui: o jogo de vôlei entre Brasil e Egito, no Estádio Indoor da Capital.

Cheguei cedo ao local, pois quase todo evento olímpico permite que se veja mais de um jogo. Isso é muito legal, porque promove o encontro de torcedores de vários países e ainda propicia uma belíssima entrada enquanto se espera pelo prato principal.

A organização da Olimpíada mereceria um capítulo à parte. Logo na entrada no ginásio, voluntários sorriem e indicam o portão por onde você deve entrar; fui inteirinho revistado, passei por um detector de metais, e até minha carteira foi aberta para ver se eu não carregava, sei lá, uma bomba nuclear entre as moedas. Outra coisa que me chamou a atenção foi a pilha de objetos 'perigosos' apreendidos pela segurança porque não eram permitidos no local. Não entendi direito por que entre esses objetos havia uma enorme quantidade de cortadores de unha. Em primeiro lugar, o cara teria que ser muito ninja para se tornar uma ameaça internacional armado apenas com um cortador de unhas no bolso. Imagina só que cena ridícula um terrorista com um cortador de unhas na mão, dizendo que ia matar todo mundo, sei lá. Ou quem será que eles pensavam que ia assistir ao jogo Brasil e Egito, o canibal Hannibal Lecter? E vamos falar a verdade: para que levar um cortador de unhas a um jogo de vôlei da Olimpíada? Não dava para cortar as unhas antes de sair de casa?

Quando cheguei, o primeiro jogo já tinha começado: Estados Unidos e Venezuela. Os Estados Unidos venceram por 3 a 2, mas foi engraçado comprovar que em qualquer competição do mundo a maioria da torcida sempre torce para o time mais fraco, não? Será que sofremos de uma síndrome de 'Robin Hood Olímpico'?

Fazia muito, muito tempo que eu não via um jogo de vôlei. Sim, eu já sabia que não existe mais a lei da vantagem, e que o set vai até 25 com pontos corridos. Mas sou do tempo em que 'Jornada nas Estrelas' e 'Viagem ao Fundo do Mar' não eram apenas nomes de seriados meio bregas, então achei meio estranho ver que os times agora têm um jogador com uniforme diferente, o tal do líbero. Para quê? O cara não pode fazer pontos, fica só levando porrada e ainda tem que vestir uma roupinha diferente dos outros jogadores. Puxa, pensei que o esporte era contra todo o tipo de preconceito... Mas depois pensei bem e vi que o líbero é uma espécie de goleiro. Acho que todo esporte coletivo tem que ter uma posição, digamos, meio maldita.

Se tem uma coisa que me incomoda no vôlei são aqueles tapinhas que os jogadores dão uns nas bundas dos outros. Os caras têm dois metros de altura e ficam puxando os shortinhos uns dos outros, dando tapinhas de leve, se cumprimentando carinhosamente a cada ponto... Pô, abraça o cara no vestiário antes do jogo! Fica parecendo uma 'amizadezinha sincera' meio ridícula, uns grandões todos metidos a coleguinhas de escola. Deve ser o espírito olímpico; eu é que não entendo nada disso.

No jogo dos Estados Unidos isso foi ainda pior: além de ver os americanos trocando carícias na quadra, ainda tive que ouvir a torcida chamando os caras de 'meigos'! É que o país Estados Unidos, em chinês, é *Meiguo*. Então parecia que os torcedores americanos gritavam 'Meigo, meigo'. Era ridículo ver uns gringos metidos a machões gritando a plenos pulmões que os grandalhões na quadra eram 'meigos'.

Esses americanos são fogo: a gente às vezes superestima o poder deles. Por exemplo: durante o jogo, vi vários cinegrafistas espalhados pelo local com jaquetas escrito 'Bob' nas costas. Pensei que se tratava de vários profissionais americanos com o mesmo nome, uma incrível coincidência olímpica. Depois é que me contaram que eles eram da equipe da Beijing Olympic Broadcast, que não tem nada a ver com os 'Roberts' dos Estados Unidos. Falha minha.

Lembra daquela expressão *Zhongguo Jiayou*? Está cada vez mais popular. Eu achava que queria dizer 'Força, China', mas descobri que pode se também 'Vamos, China', ou qualquer outra coisa do tipo, já que cada hora um chinês me traduz isso de uma maneira. O legal é que as torcidas estrangeiras (eu, pelo menos) incorporaram com força a expressão e também passaram a gritar *Baxi Jiayou* (Força, Brasil), *Wei Na Wei La Jiayou* (Força, Venezuela), etc. Se a moda pega no Brasil, seria legal ver a torcida do Corinthians gritando 'Timão *Jiayou*, Timão *Jiayou*...' Tomara que alguém da Gaviões da Fiel leia este livro.

Falando em torcidas uniformizadas, os chineses também têm a sua, espécie de 'macacos de auditório olímpicos' que ficam gritando apenas *Jiayou*, ou seja, serve para incentivar todas as equipes. Seria mais ou menos como se as torcidas do Corinthians e Palmeiras deixassem de se ofender por um momento e se juntassem para gritar 'Futebol, ê ô, futebol, ê ô.' Qual é a chance disso acontecer? A mesma de eu trocar o jornalismo para virar líbero da Seleção Brasileira de Vôlei.

O Brasil ganhou fácil, não teve nem graça. Eu já sabia que os jogadores de vôlei eram ídolos da torcida brasileira (não, eu não moro em Marte), mas não imaginava que era assim. As fãs gritavam tanto da arquibancada que parecia que eu estava em um show de rock. Acho que o preferido era um tal de Giba, não sei se você conhece. Para mim, são todos muito simpáticos. Até porque eu não quero correr o risco de dizer o contrário e encontrar com um deles aqui na rua.

A torcida brasileira, aliás, é um caso à parte. Claro que acho legal essa animação verde e amarela, esse *joie de vivre* contagiante, que nos alegra e diverte os torcedores dos outros países. Mas para que usar aquelas perucas ridículas? Por que um torcedor acha que tem que chamar tanto a atenção quanto o atleta que treinou anos para chegar lá e está se matando na quadra? Será algum tipo de obsessão por aparecer na tela de alguma emissora brasileira? Se o jogo fosse contra a Áustria, eu pediria para Freud explicar.

Saindo do jogo, enfrentei uma chuva à paulista, daquelas que nos deixam congelados até o osso da última falange do dedinho do pé. No desespero, já que não arrumava táxi (só para variar), vi a porta aberta de uma salinha e corri para lá para buscar abrigo. Lá dentro percebi que havia entrado em algum tipo de sede do exército/polícia chinesa, com dezenas de guardas uniformizados olhando para mim sem entender nada.

Ni Hao, Wo Shi Baxi Ren.

Nunca pensei que dizer 'olá, eu sou brasileiro' em chinês tivesse um poder tão grande de persuasão. Imediatamente mudaram de expressão, e até me ofereceram uma cadeirinha para sentar. Eu estava morrendo de sede e vi que ali tinha uma geladeira cheia de garrafinhas de água, mas não cheguei a pedir. Achei que isso já seria demais.

Finalmente a chuva diminuiu e pude tentar encontrar um táxi vazio, tarefa praticamente impossível desde que começou a Olimpíada. É incrível; os taxistas esnobam a gente e recusam a corrida de acordo com o endereço do destino. O próximo que fizer isso comigo vai ter que me tirar de dentro do carro à força. Ele vai se dar mal, já que esse brasileiro aqui é amigo íntimo dos guardinhas.

Depois de meia hora, um táxi topou me levar para o apartamento de um amigo que organizava uma feijoada à chinesa. Cheguei lá e constatei (mais uma vez) que basta juntar meia dúzia de brasileiros para se ter uma festa de verdade. Brasileiros, chineses e estrangeiros em geral transformaram o apartamento do cara em uma espécie de embaixada da Torre de Babel, uma confusão lingüística que deixaria a ONU no chinelo.

Após degustar o delicioso almoço, eu ainda tive que guardar forças para mais um compromisso olímpico: assistir ao jogo de basquete entre China e Estados Unidos, um dos eventos mais aguardados da Olimpíada. Nem preciso dizer que a segurança no local era tão grande, mas tão grande, que o guardinha chinês examinou até as minhas obturações. Não era para menos: além das estrelas da NBA, como o chinês Yao Ming e os americanos Kobe Bryant e LeBron James, estava assistindo ao jogo nada mais nada menos que o presidente dos Estados Unidos, George W. Bush. E ele ainda estava com a mulher, Laura, e com o pai, o ex-presidente Bush.

Os Estados Unidos detonaram desde o início da partida (o jogo acabou 101 a 70 para os EUA), mas, apesar da vitória indiscutível, fiquei morrendo de raiva dos jogadores americanos. Não pode haver no mundo ninguém mais arrogante que um jogador da NBA. Os caras ficam fazendo poses, dando risadinhas... eles se acham tão famosos, tão maravilhosos, que o nome dos jogadores nas costas do uniforme estava escrito em branco – pena que o uniforme também era branco. Desculpe-me por ser politicamente incorreto, mas queria ver esses caras no meio de uma favela brasileira para ver se eles continuavam com aquele jeitinho de cafetão de vídeo de rap.

Fiquei pensando: 'uau, estou no mesmo recinto do cara mais poderoso/odiado do mundo', mas então percebi outra coisa. E daí? Ele estava vendo o jogo quase da mesma distância que eu; ele tinha que se levantar da cadeira para seus convidados irem ao banheiro, da mesma forma que eu; ele batia palmas a cada enterrada de Kobe Bryant, da mesma forma que eu. E ele quase caiu da escada na hora de ir embora, o que não aconteceu comigo.

> **Estádio Indoor da Capital:**
> Ponte Baishi, Xizhimenwai Dajie,
> Distrito Financeiro
> 中国 **Beijing Olympic Basketball Gymnasium:**
> Wukesong Culture and Sports Center,
> Chang'an Street e West 4th ring,
> metrô Wukesong

11.08.08

CHINESINHAS E PASSARINHOS

Minhas segundas-feiras na China têm sido sabáticas, ou seja, dias em que fico trancado no quarto do hotel trabalhando até os olhos ficarem vermelhos. Não precisa ficar com pena de mim: tenho o privilégio de fazer o que gosto. E você nem imagina como pode ser divertido passar 14 horas na frente de um computador.

Depois de um tempo, no entanto, o trabalho acaba emperrando. Como tenho andado carregando muito equipamento por aí (mochila, câmera, tripé etc), minhas costas começaram a doer há alguns dias. Nada grave, ainda bem. E nada mais óbvio, portanto, do que agendar uma massagem para ver se melhora.

Cheguei no spa do hotel e dei de cara com a massagista, uma chinesinha de 1,40 metro e olhar de sádica. 'Essa mulher não é do bem', pensei comigo mesmo. Mas aí já era um pouco tarde demais: ela deu um sorrisinho e me indicou a entrada de uma salinha à meia-luz, com direito a lanternas vermelhas, musiquinha chinesa e tudo mais.

Deitei em uma espécie de esteira suspensa, e a chinesinha continuava a sorrir com aquela cara de sádica que, tenho certeza, seria minha inspiração involuntária para muitos pesadelos no futuro. Ela começou a trabalhar, e eu, a sofrer. Não entendi até agora como umas mãozinhas tão pequenas conseguiram fazer tanto estrago na minha coluna. Não preciso dizer que saí pior do que tinha entrado, e ainda tive que aceitar uma ameaça dela no final: *Tomorrow again, mister.* Com medo, concordei com a cabeça para não irritá-la, e subi rapidamente para o quarto. Se eu voltasse no dia seguinte, teria que ser retirado de lá em uma maca.

Também aproveitei o dia sabático para ler um pouco. Dei uma olhada na minha mala e percebi que trouxe muito material, praticamente tudo o que consegui reunir sobre a China pouco antes da viagem. Não foi tão difícil assim: nesse ano de Olimpíada, até o jornalzinho do meu prédio trouxe um caderno especial sobre a China. O título era 'Como os moradores do Condomínio Vila Rica podem aproveitar mais os Jogos Olímpicos' e falava sobre os horários dos jogos e as transmissões na TV. Não, eu não trouxe esse jornalzinho na mala. Joguei no lixo sem abrir (espero que o síndico não leia este livro).

Entre o material que eu trouxe, eu destacaria o livro 'A Serviço do Povo', de Yan Lianke, premiado escritor chinês que teve quatro livros censurados pelo governo (mas como eles ficaram famosos na internet, o escritor recebeu convite para publicá-lo em outros 17 países).

'A Serviço do Povo' traz na capa o subtítulo 'Banido na China!', como se isso fosse garantia de um livro interessante e, sei lá, subversivo. O livro é as duas coisas, mas isso não tem nada a ver com o fato de ele ter sido banido na China. Fiquei com medo de entrar na China com esse livro na mala, mas o máximo que podia acontecer era ter que jogar o livro fora. Pelo jeito, ninguém abriu minha mala. Enfim, o romance de Yan Lianke – que traz outro subtítulo, 'Uma Provocante

Sátira ao Regime de Mao Zedong' – conta uma história divertida e sexy (ao modo chinês, claro, repleto de ingenuidade sob o ponto de vista ocidental) sobre o caso entre uma esposa de um coronel do Partido Comunista e um soldado de 28 anos.

A trama se passa no auge da Revolução Cultural, por isso pequenos detalhes explicam o que a história de amor tem de tão perigosa: o casal descobre que quebrar estátuas de Mao Zedog e rasgar páginas do quase sagrado 'Pequeno Livro Vermelho' têm poder afrodisíaco. E fazem isso até o êxtase – e à exaustão. Imagina se a moda pega no Brasil: você acharia sexy ver seu amante quebrando uma estátua do presidente Lula?

Como é que se diz 'vigilância sanitária' em chinês?

Depois de tanto trabalho, fiquei meio entediado. Tomei um banho, coloquei uma roupa legal e desci para o lobby do hotel. Peguei um táxi e fui para Nanluoguxiang porque, afinal, ninguém é de ferro. Cheguei lá, paguei o táxi e saí do carro. No momento imediatamente seguinte, ainda bem, percebi que meu bolso estava mais leve que o normal e que o celular provavelmente tinha caído no táxi. Por sorte eu havia pedido uma nota fiscal (*fapiao* – nossa, até rimou) e agora seria possível entrar em contato com o motorista. Mas como eu explicaria em chinês que havia deixado meu celular no táxi dele?

Saí correndo pela rua com a *fapiao* na mão, perguntando para as pessoas se alguém falava inglês. Eu tinha pressa, porque se demorasse muito o cara podia se recusar a voltar para me devolver o celular – esses taxistas chineses são bem mal-humorados. Aí apareceu uma chinesinha que passava de bicicleta na rua, percebeu meu desespero e parou para me ajudar. Ela viu o número do táxi na *fapiao* e ligou do próprio celular para o cara. Não entendi por que uma coisa tão simples demorou tanto para ser resolvida: o táxi havia me deixado naquela mesma rua cinco minutos antes, então o cara não poderia estar tão longe assim, ainda mais com um trânsito dos diabos. O que custava para ele voltar? Até cheguei a pedir para a chinesinha explicar que eu pagaria a corrida de volta dele, mas a garota fez uma cara de 'está difícil' que me deixou preocupado.

Dez minutos depois, ela desligou o celular e me explicou que o taxista não queria voltar, que se eu quisesse o celular de volta eu teria que andar até onde estava o carro dele. Segundo ela, parecia que o cara ia querer algum dinheiro para me devolver o aparelho. Perguntei se o taxista estava estacionado longe dali e ela disse que não. Aí aconteceu o inusitado: ela se ofereceu para me levar na garupa da bicicletinha. Ainda bem que eu estava sozinho, porque qualquer amigo meu que estivesse junto poderia tirar uma foto e me chantagear pelo resto da vida. Foi uma das cenas mais ridículas que já vivi: pegar carona na garupa da bicicletinha de uma chinesa de uns 14 anos em uma das ruas mais descoladas de Pequim.

A bicicleta era tão baixa que tive que dobrar as pernas para trás para não encostar os pés no chão. A chinesinha não estava nem aí comigo; dirigia em alta velocidade pela ciclovia da Nanluoguxiang como se o resgate do celular que estava com o taxista fosse determinar a vida ou a morte de todos os 32 membros da família dela.

Chegamos até o taxista, que estava estacionado no meio-fio, fumando, com cara de espertalhão. Quando ele me viu, seus olhinhos puxados brilharam. Acho que ele pensou que ia fazer uma grana extra e ir para a casa mais cedo. Mas mostrei que brasileiro não se deixa fazer de trouxa assim tão fácil: dei uma de ingênuo e perguntei sobre o celular (perguntei é modo de dizer, claro, apenas fiz uma mímica colocando a mão fechada sobre a orelha direita) e ele me mostrou o aparelho. Foi o necessário para eu pegar o celular da mão dele, mais rápido do que um taxista chinês diria a palavra 'Nanluoguxiang'. Fui tão ágil que me senti o próprio Bruce Lee (se bem que hoje em dia estou mais para Kung Fu Panda) e saí andando pela rua como se nada tivesse acontecido. Para deixá-lo nervoso, eu teria até olhado para cima e assobiado com as mãos nos bolsos – pena que eu não sei assobiar.

Essa aventura me abriu o apetite, e comecei a caminhar na Nanluoguxiang para escolher um restaurante. Dei uma parada em uma loja de camisetas sensacional, a 8 Plastered T-Shirts, com modelos que vão do retrô comunista ao… retrô moderninho. Eu me apaixonei por uma camiseta escrita 'Ping Pong Beijing', mas vou deixar para comprar um outro dia. A fome bateu e pensei em repetir o restaurante vietnamita da outra noite, mas achei que seria mais interessante descobrir algum lugar novo só para poder me exibir para meus colegas de Estadão. Entrei finalmente em um local bonitinho, charmoso, com um nível aparentemente razoável de limpeza.

Depois de alguns dias na China, descobri que o conceito de vigilância sanitária é uma utopia ocidental. Sabe aquela plaquinha que existe em restaurantes brasileiros, 'venha conhecer nossa cozinha'? Pois é, isso é uma piada por aqui.

Graças a Deus (ou a Buda, Mao, sei lá) o cardápio era um daqueles com fotos. Pedi um prato meio tailandês, mas o garçom disse que não tinha (imagino que ele disse isso, de qualquer jeito). Pedi outro, mas o garçom também disse que não ia ser possível (outra suposição minha). Comecei a ficar com medo. Fiz uma mímica que queria dizer o seguinte: "por favor, escolha algum prato que esteja fresco e que você serviria para a sua mãe." (Quer dizer, não sou tão bom assim de mímica, mas você entendeu.)

Não entendi por que o restaurante tinha uma carta de vinhos, já que nas prateleiras só havia vinagre. Acabei pedindo uma tradicional *bingde pijiu* (era para ser cerveja gelada, mas veio quente mais uma vez) e deixei a vontade de tomar vinho pra lá. Quinze minutos depois chegou o meu prato.

Imagine um típico frango à passarinho. Agora

imagine que esse frango é, na verdade, um canário. O passarinho foi servido debaixo de um molho estranhíssimo, que nem perguntei o que era para não ter que tomar alguma decisão radical, do tipo 'levantar e sair correndo'. O frango à passarinho rendeu meia-dúzia de mordidas – e digo isso porque sou um cara otimista e porque o garçom foi simpático. No meu próximo dia sabático eu não saio do quarto do hotel nem se a chinesinha da massagem me ameaçar.

中国 **'A Serviço do Povo – Uma Provocante Sátira ao Regime de Mao Zedong',** Yan Lianke, Ed. Record, 176 págs.
8 Plastered T-Shirts:
61 Nanluoguxiang, Distrito de Dongcheng, (86134) 8884-8855, www.plastered.com.cn

12.08.08

ISSO É CHINÊS PARA MIM

Ni Hao Shifu.	Tudo bem, senhor?
Ni Hao.	Tudo bem.
Nanluoguxiang Qing.	Nanluoguxiang , por favor.
Hao.	Está bem.
Wo Yao Kongtiao	Eu quero ar condicionado.
Hao.	Está bem.
...	...
Wo Yao Fa Piao.	Eu quero uma nota fiscal.
Hao.	Está bem.
Xie Xie.	Obrigado.
Bu Ke Qi.	De nada.
Zaijian.	Tchau.
Zaijian.	Tchau.

Acredite se quiser, o diálogo ao lado aconteceu entre Felipe Machado (eu) e um taxista chinês (que nunca saberemos o nome). Não, eu não falo chinês, antes que você imagine que eu seja algum tipo de gênio que aprendeu chinês em dez dias. Acho que nem com aquele método em que a gente aprende dormindo isso seria possível. Confesso, porém, que minha memória é razoavelmente boa para línguas – e convenhamos que não é preciso ter um vocabulário muito grande para se comunicar com um taxista, em qualquer lugar do mundo. De qualquer maneira, se ele me respondesse qualquer coisa que não fosse *hao*, eu teria que ligar imediatamente para minha tradutora chinesa ou abrir a porta do carro e sair correndo.

Para me preparar para a viagem à China, comprei um desses livrinhos de bolso com as pronúncias das frases mais importantes em chinês. É claro que o livro traz uma abordagem superficial do idioma; seria até ingenuidade imaginar o contrário. Logo na primeira linha da primeira página a gente percebe que tentar aprender chinês é uma loucura: "Em mandarim não existe uma palavra para 'sim' ou para 'não'", informa o livro. Uau. Vamos parar por aqui.

O pequeno guia só será útil se eu precisar saber

algumas expressões, digamos, bem específicas. *Wo neng bu neng zhaoge hui shuo yingyu de yisheng?*, por exemplo, é bom ter na ponta da língua. Acho importante saber dizer 'posso ver um médico que fale inglês?' corretamente.

Minha frase favorita do livrinho, no entanto, é mais simples: *Duibuqi haoma cuole*, que significa 'desculpa, foi engano'. Uau, aprender essa expressão tem sido incrivelmente útil para a minha vida... Vamos falar a verdade: qual é a probabilidade de algum chinês ligar por engano para mim? E como eu vou saber que ele está ligando errado?

Chinês, portanto, é uma língua quase impossível de se aprender. O incrível é que conheci gente aqui que conseguiu, sim, aprender o suficiente para viver o dia-a-dia, o que mostra que tudo na vida depende de esforço e boa vontade. Estou falando do chinês falado, já que aprender a escrevê-lo, aí sim, é tarefa para quem tem isso como objetivo existencial. Uma brasileira que mora aqui diz que são necessários trinta anos para se aprender chinês de verdade – e eu acredito. Pena que eu só tenho trinta dias.

Pelo pouco que aprendi até agora, tenho a impressão de que o mandarim é feito praticamente de sílabas, cuja combinação entre cada duas ou três letras é suficiente para representar todas as palavras do vocabulário. O problema para nós, ocidentais, é que existe um número finito de combinações entre essas duas ou três letrinhas, e obviamente o número de palavras para designar as coisas da vida é de uma natureza imensamente maior. E então, para complicar, os chineses fizeram o quê? Criaram quatro tipos de tons, justamente para multiplicar esse número de combinações de forma quase infinita. É por isso que duas sílabas aparentemente iguais podem ter significados muito diferentes dependendo da entonação. Esses acentos podem ser de quatro maneiras:

1. Monótono e contínuo, mais ou menos como se fosse um funcionário de telemarketing chinês prestes a pegar no sono.
2. Segundo tom da palavra dá uma levantadinha no final, como se fosse uma pergunta. Esse tom deve ser mais fácil para quem é gay, já que é praticamente uma 'desmunhecada' na voz.
3. O terceiro tom começa lá em cima, daí cai e depois levanta de novo, como na expressão 'ah, tá'. É o mais difícil deles, porque no meio dessa ginástica

Guardinhas fazendo pose: ai, que vontade de despentear o cabelo deles

8/8/08: dia de orgulho patriótico para lembrar pelo resto da vida

Festa na abertura da Olimpíada: *Zhongguo Jiayou!*

Templo do Céu: um lugar para sonhar com o paraíso

Eles estão por toda parte: um exército de voluntários esforçados (até demais)

Durante a Olimpíada, até a Grande Muralha ficou pequena para tanta gente

Crianças, cuidado! A Grande Muralha pode ser uma experiência chocante

Xangai: uma das melhores baladas do mundo

'Os Jetsons'? Não, o bairro de Pudong, em Xangai

Capitalistas em Xangai: eles pagam a conta do governo comunista

Explosão econômica: o dragão chinês entra em erupção

Bairro antigo de Xangai: nem tudo tem a idade que parece por aqui

Ritual Taoísta: religião é um assunto quente por aqui

Namorados em Xangai: além do amor, eles compartilham o jeito de se vestir

Picanha de canguru: a churrascaria brasileira tem carne australiana

127

César Cielo entre fãs: 'quem é esse cara? Não sei, mas ele tem várias medalhas'

bucal toda você ainda tem que lembrar do que está falando.
4. O quarto tom é como se a sílaba caísse várias vezes, em um tom meio deprimente. Dizem que os fãs do Joy Division e Sisters of Mercy aprendem esse tom rapidamente, não sei por quê.

Em algumas características, porém, o chinês parece mais fácil de aprender do que o português ou outros idiomas, digamos, 'aprendíveis'. Por exemplo: os pronomes pessoais 'Eu', 'Tu' e 'Ele', em chinês, são respectivamente *Wo, Ni* e *Ta*. Para usá-los no plural, basta acrescentar o sufixo *Men*. Fica assim: *Wo Men* (Nós), *Ni Men* (Vós), *Ta Men* (Eles), sem variação de gênero. Quando você se refere a pronomes possessivos, é só acrescentar o sufixo *De*. Ou seja: *Wo De* (Meu), *Ni De* (Seu), *Ta De* (Nosso), *Wo Men De* (Meus), *Ni Men De* (Vossos), *Ta Men De* (Deles). Fácil, não? Agora vai aprender o resto para você ver o que é bom.

Como é que se diz 'a chapa esquentou' em chinês?

O bom de passar bastante tempo descobrindo uma cidade é que você pode se dar a alguns luxos de vez em quando. Nada muito sofisticado, ao contrário do que a palavra 'luxo' pode dar a entender. Estou falando das coisas simples do dia-a-dia de Pequim, aquela visão casual que hóspedes de hotéis cinco estrelas (como eu) nunca teriam acesso se não fossem atrás. E apesar da minha decepção gastronômica na noite de ontem, resolvi seguir aquele slogan ridículo que inventaram para nos definir: sou brasileiro, portanto nunca desisto.

Hora de pôr o plano em prática: acordei cedo e saí caminhando pelas ruas de Pequim, disposto a tomar um café da manhã com os 'locais' e descobrir o que se come por aqui de verdade. Nada contra a comida do hotel, que, aliás, é sensacional: nunca vi uma variedade tão grande de pratos expostos em um restaurante. Tem sushi, saladas e pratos chineses tão diferentes que não tenho nem o conhecimento gastronômico (ou artístico) para classificá-los. Se alguém do caderno Paladar, do Estadão, estivesse por aqui, teria pautas até o final do ano. Mas eu não tenho muita noção e normalmente prefiro comer o básico, como ovos mexidos com torradas e cereais. Minha única perdição é um quiosque de milk-shake feito com sorvete Mövenpick: não preciso nem pedir dois milk-shakes de chocolate porque a garçonete já conhece meu gosto e traz os dois copões na minha mesa assim que eu entro no restaurante. Vida dura.

Nesse dia, não: o plano é dar uma volta para conhecer o café da manhã típico chinês. Alguns quilômetros depois, vi um lugar bem cheio e pensei: encontrei o que eu queria. Não, a aparência não era muito limpa, mas pelo menos a cozinha era de vidro e dava para ver que eles pelo menos fingiam agradar os ocidentais, usando máscaras e simulando que estavam preocupados com a higiene. Como já disse antes, a expressão 'vigilância sanitária' não existe em chinês. Esse agradável lugar chamado Qin Feng Jiang Xiang Jiaozi parecia ser uma franquia que oferecia *dumplings-fast-food*, portanto imaginei que a especialidade do restaurante era aquele tipo de trouxinha de massa com recheio dentro.

Entrei no local e um garçom veio me atender imediatamente. Não sei como ele descobriu que eu era estrangeiro, mas aceitei o velho cardápio com fotos ilustrativas e constatei que os *dumplings*, aqui chamados de *jiaozi*, eram realmente as trouxinhas que eu estava imaginando. Considerei isso uma vitória.

Os sabores dos dumplings eram meio fortes para o

horário, mas como eu estava disposto a descobrir a verdadeira refeição matinal chinesa, acabei pedindo alguns jiaozi de carne de porco e cogumelos às 9h30 da manhã. Pesado? Quase nada. Para ajudar a digestão, nada como uma Coca-Cola gelada – pena que a garrafa que a garçonete me trouxe estava quente (os chineses não gostam de coisas geladas). A carne de porco e os cogumelos eu tirei de letra; o que me caiu pesado como uma rocha, mesmo, foram os molhos que acompanhavam as jiaozi: alho e pimenta. Peraí, alho e pimenta logo cedo?

Pois é. Eu encarei, em primeiro lugar porque sou muito macho e, em segundo, porque queria mesmo ir até o fim na minha experiência. Algumas mordidas depois, quando esqueci que minha boca estava pegando fogo e que ainda não era nem 10 da manhã, reconheço que estava até gostoso. Para falar a verdade, essa experiência foi até útil para meu entendimento da cultura chinesa. Agora eu sei por que os táxis cheiram a alho. E o melhor: juro que não passei mal.

Saí do restaurante e caminhei um pouco para aproveitar o dia ensolarado, respirar um pouquinho de poluição para matar a saudade de São Paulo e, claro, fazer a digestão daquele troço superpesado. Aí resolvi me aventurar embaixo da terra: eu já tinha ido a alguns eventos esportivos de metrô, então achei que conseguiria me virar sozinho, sem a tradutora. Eu me dei mal, já que, com exceção dos locais olímpicos – que têm mais voluntários do que há habitantes na cidade de São Paulo – o resto de Pequim praticamente não fala nada de inglês. Ou melhor: qualquer pessoa com mais de 25 anos não entende sequer uma palavra de qualquer outra língua que não seja chinês.

Desculpe a sinceridade, mas chegou uma hora em que isso me irritou. Não fiquei bravo com o povo chinês, claro, que não tem culpa de ter vivido sob um regime fechado durante tanto tempo. Fiquei com raiva da situação em si, de não saber falar chinês, de não entender os ideogramas, de não ser capaz de diferenciar uma estação de metrô da outra. Perguntei para algumas pessoas dentro da estação, mas ninguém sabia me ajudar. Aí tive que apelar: encurtei meu passeio, parei um táxi e liguei do celular para o hotel, para que eles explicassem em chinês para o motorista qual era o caminho de volta.

Fiquei bastante chateado com a minha impotência diante dessa situação. Depois de quase duas semanas aqui, foi a primeira vez em que fiquei com raiva da

China. Uma raiva totalmente sem razão, confesso, mas ainda assim um tipo de raiva. Desculpe pelo desabafo. Aqui a gente não se sente apenas um analfabeto, como já era esperado. Nós nos tornamos também surdos-mudos, incapazes de se comunicar como uma criança de um ano. Isso gera, sim, uma frustração enorme depois de algum tempo. É preciso respirar fundo e aceitar que as diferenças não são apenas culturais: são sensoriais também.

Ainda bem que esse sentimento negativo passou logo, e compreendi que isso aqui é a China, não é a América ou a Europa. É a Ásia, a desafiadora e incompreensível Ásia, um continente enigmático que intriga o ocidente desde que o mundo é mundo. Acho até que existe uma beleza nisso, algo invisível que nos obriga a ter uma postura humilde para admitir que há momentos em que a realidade nos impõe limites, e esses limites devem ser entendidos como caminhos para nosso aprendizado pessoal.

À noite eu já estava de bom humor: Daniel Piza, minha amiga Janaína Silveira e eu fomos a um ótimo restaurante japonês, o Tayrio, perto da Sanlitun, outra rua cheia de casas noturnas e barzinhos ocidentais (perto do restaurante Alameda, lembra?). A comida do

Tayrio era excelente e ainda demos boas risadas. Tudo porque resolvemos sentar no balcão, e o local ficava de frente para uma espécie de chapa quente onde o sushiman assava alguns pratos ali na hora. As boas risadas vieram quando descobrimos que ele jogava algum tipo de álcool nas carnes cruas e tacava fogo na comida. As chamas eram tão altas que pareciam fogos de artifício de quase um metro de altura. O negócio era divertido de se ver, mas foi ficando meio perigoso porque o sushiman fazia questão de não nos avisar antes de acender a chapa. Quando a garçonete chegou, me entregou o menu e perguntou o que eu queria, fiquei com vontade de dizer: 'quero voltar para casa sem uma queimadura de terceiro grau'. Pena que eu nunca vou aprender a falar isso em chinês.

Beijing Qin Feng Jiang Xiang Jiaozi Restaurant: 23 Huixinxi, Distrito de Chaoyang, (8610) 6495-0483
Tayric Japanese Restaurant: Central Plaza, 34-38 Hualelu, (8620) 8360-1372

中国

13.08.08

GINÁSTICA, TÊNIS E DRY MARTINIS

Oba, mais um dia olímpico! E, de acordo com o livrinho da programação esportiva, hoje promete. Mas vamos por partes, como diria Jack, o Estripador. Se Jack fosse vivo, aliás, ele ganharia a medalha de ouro na olimpíada dos *serial killers*.

Minha primeira atividade: assistir à final da ginástica feminina. Não, eu não entendo nada do assunto, mas isso não importa. Eu queria torcer para as garotas do Brasil, que participariam de uma final olímpica por equipes pela primeira vez na história. Se elas não ganhassem nada, pelo menos eu poderia ver a americana Alicia Sacramone de perto. Ou qualquer uma daquelas bonequinhas russinhas de 1,40m que a gente tem vontade de levar para a casa e deixar dando cambalhotas em um cantinho da sala de estar.

Chamei um táxi e mostrei a foto do Ginásio Olímpico, também chamado de 'Leque Chinês'. Esse apelido não tem nada a ver com o calor que faz lá dentro, mas com a forma arquitetônica do prédio, maravilhoso como todas as outras construções feitas especialmente para esta Olimpíada.

Entrei no espírito olímpico assim que entrei no carro. No rádio, uma voz chinesa inseria o nome 'Michael Phelps' no meio de diversas frases incompreensíveis. Imaginei que o americano estava na piscina, provavelmente pouco antes de ganhar mais uma medalha de ouro. E foi exatamente isso o que aconteceu; pelo menos foi o que entendi pela empolgação da locutora chinesa. Acho que Michael Phelps é um cara tão excepcional que nem dá vontade de torcer para outro nadador: a gente quer mais é ver ele quebrar um novo recorde mundial. Na minha humilde opinião, quando Phelps está na piscina ele não representa apenas os Estados Unidos, mas a raça humana. Vê-lo nadando é ver a evolução da humanidade ao vivo. Em vez da bandeira americana, Phelps deveria nadar com uma foto do planeta Terra na touquinha. Não sei como nenhum marqueteiro ainda não teve a brilhante idéia de colocá-lo para apostar corrida contra um peixe de verdade. Se isso acontecesse, eu não queria estar nas escamas do peixe.

O ginásio onde acontecem as provas de ginástica fica no bairro construído especialmente para a Olimpíada, no norte de Pequim. O que eles fizeram em sete anos é impressionante: o estádio Ninho dos Pássaros, o Cubo Aquático da natação, o 'Leque Chinês' e mais meia dúzia de prédios absurdamente modernos. Fora a Vila Olímpica, que parece o nosso Projeto Cingapura... do século 22.

Na hora em que a gente entra pela primeira vez em uma competição de ginástica, tudo parece meio confuso. Principalmente para mim, que conheço tanto do assunto que achava que o salto sobre cavalo seria disputado em Hong Kong, onde acontecem as provas de hipismo.

Achei a ginástica um esporte meio confuso porque as provas são disputadas simultaneamente. No começo fica difícil entender o que está acontecendo, mas depois de cinco minutos eu já estava até xingando a mãe do juiz. Em português, claro, para não correr o risco de ser preso. Mas não consegui entender alguns detalhes até agora: por que as notas vão de 0 a 17, por exemplo. Não dava para os juízes criarem números mais, digamos, redondos? Uma pontuação de zero a 10, que tal? Parece uma coisa muito inovadora?

Gosto de todas as modalidades, mas a minha prova favorita é aquela das 'paralelas assimétricas' (adoro esse nome). Ver aquelas meninas dando saltos e cambalhotas no ar na minha frente é ainda mais impressionante. E elas são tão novinhas! Todo mundo fica falando que 'a carreira dessas garotas termina aos 21 anos', 'coitadinhas, o que elas vão fazer da vida depois disso', etc. Eu não estou nem um pouco preocupado com elas. Se quiserem, todas podem ir embora desse ginásio com emprego garantido no Cirque du Soleil.

O que sou contra, sim, é ver crianças tão novinhas sob tanta pressão. Fico olhando para aqueles técnicos e não consigo ver a diferença entre treino de ginástica olímpica e trabalho infantil.

Gosto também da prova do solo, que, na minha opinião, está mais para a categoria 'dança' do que para 'esporte'. Depois de rebolar um pouco, as atletas acabam dando uns mortais só para valer o ingresso. Na maior parte do tempo, as ginastas ficam dançando ao som de umas musiquinhas ridículas, uma mistura barata de música erudita com batidas pop de quinta categoria. Por que as trilhas sonoras da ginástica olímpica têm que ser sempre tão bregas?

Uma das provas, no entanto, me dá um pouco de

aflição. É a trave de equilíbrio, em que as meninas têm que saltar e fazer piruetas em cima de uma barra de dez centímetros de largura. Dez centímetros! Pô, para que fazer essa barra tão fininha? Não dava para fazer um pouco mais larga, sei lá, com vinte e poucos centímetros? Dá pena ver as garotinhas tentando se equilibrar ali. Minha querida Alicinha Sacramone (olha a intimidade), por exemplo, caiu logo no começo do exercício e isso custou aos Estados Unidos a medalha de ouro, que foi para a China. A Romênia ficou com o bronze; o Brasil terminou com a oitava posição. Pena que só havia oito equipes. Mas valeu, meninas: Londres 2012 está aí.

Imagina o que você sente quando treina oito horas por dia a vida inteira e daí seu maldito pé esquerdo pisa na trave um centímetro fora do lugar e estraga tudo? Aposto que vem à cabeça todas as vezes que você deixou de sair com seus amigos para não perder um dia no ginásio, todas as vezes que você deixou de comer doces e frituras para manter a forma, essas coisas. Deve dar muita raiva. Por outro

> *lado, quando você acerta exatamente o que treinou durante tantos anos deve ser a melhor sensação do mundo. O sorrisinho de satisfação dessas garotas quando elas vão bem é a mais perfeita definição de felicidade que existe.*

Quando eu saí do Brasil, meus amigos me diziam que eu não agüentaria os temperos exóticos da culinária chinesa e apelaria para um McDonald's rapidinho. Consegui resistir bem até hoje, e só não agüentei mais porque o restaurante do Tio Ronald é o único do bairro olímpico – o que, cá entre nós, é um absurdo. Depois achei até legal comer lá: pensei que ia encontrar sanduíches diferentes, como o McDog ou o Escorpinuggets, mas não foi nada disso. O Big Mac é mesmo igualzinho em qualquer lugar do mundo.

Minha próxima atividade olímpica do dia foi um dos meus grandes programas na China até agora: os jogos de tênis. Cheguei à área das quadras sem saber quem ia jogar e tentando descobrir qual seria a programação, já que meu ingresso dava direito a assistir a qualquer partida.

Não acreditei quando vi no telão que entraria na

quadra logo mais o espanhol Rafael Nadal, de quem eu sou fã. Nadal, então número 2 do mundo, jogaria contra o russo Igor Andreev, número 23. Jogaço.

O tênis é um esporte de cavalheiros repleto de rituaizinhos. É um jogo tão civilizado, mas tão civilizado, que os jogadores têm lixinho e frigobar dentro da quadra. Você pode achar que é exagero, mas juro que vi dois guarda-chuvas encostadinhos num canto, um para cada jogador. E o silêncio, então? Dá nos nervos. Até desliguei o celular para não pegar mal. Quando a torcida começou a gritar 'Nadal', a juíza, uma gordinha inglesa supermetida, começou a fazer 'shh' e pedir em inglês para as pessoas fazerem silêncio. Parecia até uma professorazinha primária pedindo para os alunos não conversarem. Nesse caso, porém, ela é quem devia ter feito a lição de casa e aprendido como é que se dizia 'silêncio, por favor' em chinês.

E os juízes de linha, então? São uns mauricinhos de camisa pólo que ficam o jogo inteiro sentados em umas cadeirinhas de praia ao lado da quadra. Se algum deles pedisse um Dry Martini durante o jogo aposto que ninguém ia estranhar. Onde já se viu um esporte ter mais juízes que jogadores? Os tenistas também fazem muita pose, mas na verdade eles correm muito pouco em quadra, se a gente parar para analisar friamente. Quantos passos um jogador dá em uma partida? Faça a conta. Tenho a impressão de que os grandes atletas do tênis são os catadores de bolinhas.

Os tenistas colaboram para essa imagem sofisticada do esporte. A cada jogada, por exemplo, eles pedem para parar o jogo e passam uns momentinhos secando o rosto. Qual é o problema, será que é possível alguém suar tanto assim a cada dez segundos? Será que os caras têm algum problema com as glândulas sudoríparas? Ou é só frescura mesmo? Os únicos humildes no mundo do tênis são aqueles garotos com as toalhas na mão, esperando para entregá-las aos seus 'patrões'. Parece até que são os mordominhos dos jogadores, apáticos e irritantemente submissos. A coisa mais divertida do tênis, na minha opinião, é ouvir os jogadores dando umas gemidinhas a cada vez que batem na bola. É 'ah' para cá, 'uh' pra lá; se alguém fechar os olhos, pode até pensar que eles estão tendo algum tipo de relação sexual em câmera lenta.

Nadal despachou o mal-humorado Andreev para a Sibéria em menos de duas horas. É muito legal ver um jogo de tênis desse nível ao vivo, com Nadal no auge da forma. Fim de jogo, saí para dar uma volta e descobrir quem mais jogaria naquele dia. Adivinha? Ninguém mais, ninguém menos, que o melhor tenista do mundo, Roger Federer. E o suíço ia enfrentar Tomas Berdych, da República Tcheca e número 20 do mundo. Justamente o mesmo adversário que o havia eliminado da Olimpíada de Atenas, em 2004. Ou seja: outro jogaço.

Federer joga com mais elegância do que Nadal, que é um exemplo de raça (se é que dá para chamar um jogador de tênis de raçudo). Federer é o craque das jogadas de efeito, como deixadinhas e bolas no contrapé do adversário que levam a plateia ao delírio. E foi isso que aconteceu: Berdych não foi páreo para o Federer, uma espécie de Ayrton Senna da Suíça.

A última partida do dia também seria incrível, mas aí eu já estava cansado demais. Vi apenas o primeiro set em que Serena Williams massacrou a francesinha Alice Cornet e fui embora. Só para constar, Serena é tão grande que fiquei em dúvida de qual mulher eu teria mais medo: dela ou da chinesinha que me fez massagem no hotel.

Para comemorar esse belo dia olímpico, saí com amigos chineses e brasileiros para jantar em um dos lugares mais bacanas de Pequim: o bistrô tailandês

Purple Haze, perto do Estádio dos Trabalhadores. Ele não é muito oriental, na verdade é um bar/restaurante que poderia estar localizado em qualquer cidade cosmopolita do mundo. Havia um trio de pop/jazz tocando, muito bem por sinal. Pena que peguei só a última música, uma versão soul da maravilhosa 'Lean on me', do Bill Withers. Foi a trilha sonora perfeita para encerrar o dia. Pedi uma *bingde pijiu* e fiquei só curtindo o lugar, ouvindo a música e observando o ambiente. Você vai achar que estou inventando, mas tenho certeza de que vi um dos juízes do tênis no balcão do Purple Haze. Tomando um Dry Martini.

> **National Indoor Stadium:** Olympic Green, Distrito de Chaoyang, Houhai, metrô Olympic Center/Olympic Park
> **Olympic Tennis Center:** Lincui Rd., Olympic Green, Distrito de Chaoyang, metrô Olympic Center ou Olympic Park
> **Purple Haze Bistro:** Rm. 201, Building 3, China View, Gongti Dong Rd. No. 2, Distrito de Chaoyang, (8610) 6501-9345

中国

14.08.08

A GRANDE TEMPESTADE DA CHINA

Você se lembra do polêmico episódio da dublagem na abertura dos Jogos Olímpicos? Era aquela história de que a cantora mirim escolhida para cantar no evento teria sido substituída por outra garotinha porque 'não era bonita o suficiente' para um espetáculo tão perfeito. Quem apareceu na cerimônia foi a princesinha Lin Miaoke, de 9 anos, estrela de vários comerciais aqui na China, mas a verdadeira voz ouvida por quatro bilhões de pessoas era a da banguelinha Yang Peiyi, de 7.

A garotinha que dublou não teve culpa, claro, mas a história foi de uma crueldade inacreditável. Pelo que foi divulgado na mídia ocidental, a troca teria sido feita na véspera da cerimônia, baseada na opinião de algum dirigente do comitê olímpico chinês.

Fico até emocionado (no mal sentido, claro) ao imaginar os pais da verdadeira cantora contando para a filha que ela não iria se apresentar na festa olímpica. 'Por que, papai?', deve ter perguntado a menininha. Como pai, não consigo imaginar uma resposta que não fizesse meu coração sangrar.

O que me deixa menos revoltado é que pelo menos o mundo ficou sabendo de toda a farsa, e isso deve ter levado o dirigente sangue-frio responsável para alguma prisão no interior da Mongólia. Ou não. Para falar a verdade, não deve ter acontecido nada, como dá a entender um trecho da coluna de Ravi S. Narasimhan, do China Daily. O jornalista indiano fez uma confusão danada e usou até o cinema de seu país para defender o que aconteceu:

"Nos musicais dos filmes de Bollywood, os atores nunca cantam: são sempre dublados pelos verdadeiros cantores. Cantores cantam, atores atuam e dublam. É por isso que fico perplexo com a 'polêmica' (as aspas são de Narasimhan) levantada sobre a dublagem da cantora de 9 anos na abertura da Olimpíada. A versão da imprensa ocidental é distorcida. Yang Peiyi não foi substituída porque não era 'suficientemente bonita'. A voz de Lin Miaoke é que não foi considerada 'boa o suficiente', por isso ela foi dublada."

Depois dessa, não será apenas uma, mas as duas meninas que ficarão traumatizadas o resto da vida.

Voltando à realidade do dia-a-dia, vir até a China e não conhecer a Grande Muralha é como ir a Roma e não ver o papa, como diz o velho ditado. Pois hoje é o dia: temos um táxi agendado para nos levar até lá às 9h30.

A Grande Muralha tem três trechos mais populares, onde os turistas costumam ir. O melhor deles, segundo os locais, é Mutianyu, o trecho do meio. Como o local fica a 90 quilômetros de Pequim, dá para se ter uma idéia de como é a paisagem saindo um pouco da capital. Deixamos o hotel e uma hora depois já estamos em uma região bastante arborizada, uma espécie de Horto Florestal nos arredores de Pequim. O céu também fica maior, mais azul, e dá para imaginar de leve como deve ser a verdadeira China, não a China das grandes cidades. Uma pequena serra nos avisa que estamos chegando, e obriga o motorista do táxi a reduzir a marcha. E aí os trechos de uma linha curva começam a surgir no alto das montanhas ao longe, como se um gigante tivesse, há muito tempo, desenhado com uma caneta cuja tinta era feita de pedras. É a Muralha.

Não imagine que você vai encontrar um santuário silencioso e protegido pela natureza, pelo menos não em Mutianyu ou no trecho mais próximo de Pequim, Badaling. Talvez isso seja possível apenas em

Simatai, o ponto mais distante, ou quando a Olimpíada acabar. O que vemos na entrada do parque de Mutianyu é uma multidão de turistas e um número enorme de ônibus estacionados em frente a lojinhas de bugigangas chinesas. Tive a impressão de estar chegando à Aparecida, embora eu saiba que a peregrinação à Grande Muralha não tem nenhum componente religioso ou sagrado, pelo contrário: aqui o deus é o materialismo humano em última instância, pedra sobre pedra.

Algumas pessoas preferem subir até o topo da Muralha a pé, mas como não temos todo o tempo do mundo (ô, desculpa para a preguiça...) preferimos usar o bondinho. Foi uma ótima idéia, já que o trecho entre o ponto final do bondinho e o topo da Muralha já rende uma bela caminhada.

Ela é a maior construção da história da humanidade e foi erguida há 25 séculos para proteger os reinos ao norte de Pequim dos temíveis guerreiros mongóis. Dizem que é a única obra humana que pode ser vista do espaço, mas a verdade é que o astronauta chinês que esteve na órbita da Terra em 2007 não negou nem confirmou esse fato, o que deveria nos deixar meio suspeitos. Talvez não seja mais possível ver a Muralha por causa da poluição atmosférica da China, sei lá. Mas nada disso reduz a grandiosidade de sua construção, nem o impacto que provoca nos turistas que chegam ali. A Muralha é um enorme caminho suspenso de pedras com cerca de 6.400 quilômetros (não contínuos) de extensão. Se aquele gigante que brincava com a caneta esticasse essas curvas, esse número ficaria ainda mais impressionante: em linha reta, a Muralha teria 15 mil quilômetros.

O dia estava lindo, mas de uma hora para a outra o tempo virou e começamos a ouvir trovões cada vez mais fortes e freqüentes. Começamos a voltar para o bondinho, mas havíamos caminhado muito tempo e agora, provavelmente, enfrentaríamos uma leve chuvinha chinesa na volta. Pena que não foi bem assim: a chuva começou a cair rapidamente e em pouco tempo éramos atingidos por granizo. Sorte que existem vários antigos postos de guarda espalhados pela Muralha, o que nos permitiu ficar abrigados quando a chuvinha se transformou em uma tempestade de raios assustadores.

Você acha que estou exagerando, não é? Nada disso, infelizmente. Só para você ter uma idéia, um dos raios atingiu em cheio um dos postos perto de onde estávamos e vinte turistas americanos ficaram feridos. Alguns deles chegaram a desmaiar com o choque, tamanha foi a descarga de energia do relâmpago. Mais tarde descobrimos que quem passou mal estava encostado na Muralha no momento do raio e, por isso, mais exposto à eletricidade. Tivemos que esperar cerca de uma hora e meia até a chuva diminuir um pouco e permitir a nossa descida. E nada de bondinho, claro, porque os raios ainda estavam ameaçando quem ousava desafiá-los. No caminho de volta, encontramos os turistas americanos que haviam sido atingidos pelo raio. Eles estavam sendo carregados nos ombros de policiais chineses porque a descida a pé tinha que ser feita por um caminho íngreme, escorregadio e perigoso – ainda mais com chuva.

Na área dos carros e ônibus, lá embaixo, ambulâncias esperavam para levar os feridos para o hospital. Entramos no táxi ensopados e voltamos para Pequim meio assustados. Em seus 2.500 anos, a Muralha deve estar acostumada a receber relâmpagos desse tipo, mas eu nunca tinha visto nada parecido. A visita à Grande Muralha acabou virando uma grande aventura. Ainda bem que o nosso final foi feliz.

Badaling: A 70 km de Pequim, Via Expressa Badaling, saída 17, contado de Yanqing, (8610) 6912-1737 ou 6912-2222, das 7h às 18h, http://badaling.gov.cn/english/history/history.htm

Mutianyu: A 90 km de Pequim, Condado de Huairou, (8610) 6162-6505 ou (8610) 6162-6022, das 7h às 18h, www.mutianyugreatwall.com

Simatai: A 110 km de Pequim, Gubeikou, Condado de Miyun, (8610) 6903-1051 ou (8610) 8353-1111, das 8h às 17h, www.simatai-greatwall.net/English.asp

中国

15.08.08

UMA NOITE EM XANGAI

Eu sonhava em conhecer Xangai desde que minha mãe voltou da China apaixonada pela cidade, em 1997. Meu vôo da Air China partiu pontualmente às 9h30, e fiquei feliz em poder ver mais uma vez como o Aeroporto de Pequim é sensacional. Apesar de ser monstruosamente grande, o projeto de Sir Norman Foster é elegante como um cavalheiro britânico.

Do aeroporto de Xangai até o hotel (Heng Shan Moller Villa, charmoso palacete perto dos viadutos da Shan Xi Road) nota-se que a cidade não tem nada a ver com Pequim. Com quase 20 milhões de habitantes cada, as duas megalópoles disputam o título de cidade mais importante da China. Pequim é a jóia da coroa, o centro turístico e sede do governo. Xangai é quem paga as contas da capital, com sua pujante bolsa de valores e seus engravatados sem ideologia. Xangai tem o clima de Nova York, Milão, São Paulo; Pequim está mais para Los Angeles, Roma, Rio de Janeiro.

Xangai é a prova de que uma metrópole com mais de 10 milhões de habitantes pode ser cortada por um rio sem que este seja um esgoto a céu aberto. O Huang Pu divide Xangai em duas partes: de um lado, a moderna Pu Dong, com seus arranha-céus pontiagudos que nos lembram um cenário do desenho 'Os Jetsons'. Do outro, Pu Xi, estão os prédios antigos erguidos à maneira ocidental, sobreviventes de cimento da colonização inglesa. Chega a ser divertido ver esses prédios supereuropeus decorados com ideogramas chineses. Parece que alguma coisa está errada.

O cartão-postal de Xangai é a vista que se tem dos arranha-céus em Pu Xi, mais precisamente do bairro que os chineses chamam de 'The Bund'. Mas não é apenas dali que se vê as incríveis construções espalhadas pela cidade. Quase todas as paisagens de Xangai provocam uma sensação de *déjà vu*: parecem saídas de alguma cena de 'Blade Runner'.

Almocei no restaurante Seagull Palace, à beira do Huang Pu, na frente de Pu Dong. Em homenagem ao camarada Mao, escolhi um prato de sua terra natal, a província de Hu Nan. Foi a minha última homenagem ao líder chinês: Hong Shao Rou é um tipo de carne de porco tão gordurosa que os palitinhos até escorregavam das minhas mãos. Se algum dia você vier à China, confie em mim e fuja de um restaurante que tenha Hong Shao Rou no cardápio.

Depois do almoço, fizemos um passeio pela parte antiga de Xangai, um bairro típico cheio de templos, jardins e, claro, lojinhas de bugigangas chinesas. Ao contrário de Pequim, que está linda e absolutamente limpa, Xangai tem alguns mendigos e prédios abandonados. Pequim ganhou um banho de perfumaria para receber a Olimpíada e Xangai vai ter que correr muito para deixar de ser um canteiro de obras e estar prontinha em 2010, quando será sede da Exposição Mundial (Expo) e receberá delegações de 187 países. Não tenho a menor dúvida de que eles vão cumprir exatamente todos os prazos e apresentar uma cidade ainda mais incrível.

Tenho amigos que já estiveram em Xangai e todos garantiam que a vida noturna, como em qualquer cidade obcecada por trabalho, era algo que eu não poderia perder. Depois de um breve descanso no hotel, meus colegas do Estadão e eu pegamos um táxi e fomos jantar no Club Jin Mao, restaurante localizado no 86º andar da torre Jin Mao, onde fica o hotel Grand Hyatt. Era o primeiro capítulo da minha saga pela noite de Xangai.

Um ótimo jantar, mas eu estava mesmo era interessado na sobremesa: o primeiro Dry Martini da noite no Cloud Nine, um bar chiquérrimo com vista panorâmica localizado no 88º do mesmo prédio. De lá fomos para o MT/Multi-Track, um clube freqüentado quase exclusivamente por chineses – o que é raro na cosmopolita Xangai, onde você pode encontrar mais pessoas de origens variadas do que em uma reunião da ONU.

O MT/Multi-Track é um lugar surreal. Só para

você ter uma idéia, chinesas vestidas como a Fergie, do Black Eyed Peas, costumam dançar em cima das mesas. Lembra aquela música que o Silvio Santos usava para apresentar os jurados do 'Show de Calouros' (Aracy de Almeida, lá lá lá lá lá lá...)? Pois é: não agüentei de tanto rir quando o DJ tocou a versão em chinês dessa canção.

A noite estava só começando: de lá fomos para o Zapata, um bar na Hengshan, a rua dos barzinhos. Lá quase não havia chineses, apenas estrangeiros rebolando loucamente ao som de Bon Jovi e Britney Spears. Quando o local começou a esvaziar, fomos para o Velvet Lounge, a balada mais legal que estive desde o começo da viagem. Também repleto de estrangeiros, lá eu percebi que Xangai é cosmopolita porque oferece um ambiente praticamente neutro para quem não é chinês: se você quiser, dependendo da sua atividade profissional, dá para viver sem falar mandarim e praticamente sem contato com chineses. Basta aprender a se comunicar com os taxistas e pronto.

Como ainda era cedo (umas 4 da manhã) e a balada era para 'guerreiros', fomos para o *afterhours* Dragon Club, ali perto. A casa noturna *underground*, com chineses malucos, estrangeiros bêbados e música eletrônica no último volume não era um inferninho, era um infernão. Estava tão ruim, mas tão ruim, que fomos embora três horas depois, às 7 da manhã, com o dia amanhecendo. Meus amigos estavam certos: a noite de Xangai é mesmo espetacular.

> **Heng Shan Moller Villa:** 30 Shan Xi Road, (8621) 6247-8881, www.mollervilla.com
> **Seagull Palace:** 2852 Binjang Da Dao, Fenghe Lu, metrô Lujiazui, (8621) 5879-7201
> **Club/Cloud 9 Grand Hyatt Shanghai:** Jin Mao Tower, 88, Century Boulevard, Pudong, (8621) 5047-1234
> **Club MT/Multi-Track:** 3F 1329 Huaihai Zhong Rd., (8621) 6445-8897   中国
> **Zapata Mexican Cantina:** 5 Hengshan Rd., (8621) 6433-4104, www.zapatas-shanghai.com
> **Velvet Lounge:** 1/F, 913 Julu Lu, Bldg. 3-4, metrô Jing An Temple, (8621) 5403-2976
> **Dragon Club:** 156 Fenyang Lu, Xuhui, metrô 1 Changshu Lu, (8621) 5404-4592, www.dragonclub.com.cn

16.08.08

RESSACA E CHURRASCO À CHINESA

Tudo na vida tem o seu preço, e a noite de Xangai me cobrou o dela na manhã seguinte. Não posso reclamar: Dry Martinis provocam os mesmos efeitos colaterais em qualquer lugar do mundo, não importa se você está na Hengshan ou na Vila Madalena.

Uma voltinha pela região do 'The Bund', em Pu Xi, é um típico passeio de sábado em Xangai – e a vista é tão bonita que melhora qualquer ressaca. Multidões de turistas disputam os melhores ângulos para tirar fotos em frente ao *skyline* futurístico da cidade, e eu era um deles. Pena que o tempo estava meio nublado, o que deu a impressão de que os prédios eram apenas longos retângulos desenhados em uma enorme folha de papel cinza, talvez obra do mesmo gigante que havia desenhado a Muralha alguns dias antes.

Xangai tem diversos bairros como o descolado Xintiandi, onde a presença de estrangeiros é bastante forte. Ali fica o Xintiandi Plaza, quadrilátero cheio de cafés em estilo europeu e restaurantes internacionais. Enquanto decidíamos onde seria o almoço, demos de cara com uma placa que dizia 'Barbecue Brazilian

Style – Rodízio'. Acima da placa, uma bandeira do Brasil que não deixava dúvidas: ali era uma 'embaixada' brasileira em Xangai. Como hoje é aniversário do meu irmão, um fanático por churrasco, não resistimos à possibilidade de comer uma bela picanha com arroz e farofa em sua homenagem, com espetos manejados por um churrasqueiro genuinamente brasileiro. Dito e feito: fomos atendidos por garçons brasileiros supersimpáticos e a picanha da Austrália não deixou nada a desejar à nossa. Ou talvez seja apenas saudades, mesmo.

Por falar nisso, aliás, que saudades de casa! O que, você pensou que eu estava falando do Brasil? Não, nada disso. Estava sentindo falta do meu quartinho do Holiday Inn, em Pequim, querida cidade para onde voltaremos hoje à noite. Os Dry Martinis e os arranha-céus de Xangai vão ficar para sempre na memória... pensando bem, os Dry Martinis eu vou fazer o possível para esquecer.

> **Latina Grill Shanghai:** 18 North Block Xintiandi Plaza, Lane 181, Taicang Rd., metrô Huang Pi Nan Lu, das 11h30 às 2h (8621) 6320-3566　中国

17.08.08

SONHOS DE CRIANÇA, SONHOS DE CONSUMO

Ah, nada como voltar para casa...

Pequim, doce Pequim.

O domingão amanheceu meio nublado, mas isso não impediu minha visita a alguns dos cidadãos mais famosos da China, encontro que venho planejando desde o dia em que cheguei aqui. Não, espera aí. Vamos falar sério. Na verdade, estou esperando para conhecer esses chineses desde criança. Sempre sonhei em ver um panda de perto.

Alguns dos que estão no Zoológico de Pequim vivem lá há anos, mas oito pandas recém-chegados ao local são os grandes ídolos desde que colocaram suas patas peludas na capital chinesa, pouco antes da Olimpíada. Os oito animais foram resgatados de Sichuan, província que foi palco de um terrível terremoto em maio deste ano, e desde então eles são os novos queridinhos das crianças e adultos que voltaram a lotar o rudimentar Zoológico de Pequim. É engraçado ver que ninguém consegue segurar o sorriso diante de um *Daxiongmao*, que em chinês significa 'grande urso-gato'.

Pequim na moda: as lojas originais são bem mais caras que o Mercado da Seda

Bicicletas resistentes: Pequim é uma cidade plana onde os ciclistas sobrevivem

Um ônibus para viagem: o McBus passeia pelas ruas de Pequim

Mamãe no celular: 'meu filho já está treinando ginástica olímpica'

Teatro Nacional: Pequim virou uma festa para os arquitetos do mundo

165

Rinha de grilos é esporte nacional: qualé, vai encarar?

Quem você acha que está ganhando? Eu não tenho a menor idéia

Família que anda de bicicleta unida... permanece unida

Olimpíada também dá ressaca: soneca paradisíaca no Templo do Céu

Sede da CCTV, a poderosa TV estatal: como é que esse prédio fica de pé?

Será que se eu olhar bem de perto as notícias oficiais viram verdade?

同一个世界,同一个梦想
One World One Dream

'Um mundo um sonho': para alguns chineses, a vida ainda é um pesadelo

O retrato da China do século 21: um admirável mundo novo

Mausoléu do Mao: ele morreu em 1976, mas continua mandando por aqui

O Ninho dos Pássaros: incrível por fora, mais incrível ainda por dentro

Rong Zu Er: a cantora é considerada (por mim) a mulher mais bonita da China

Os pandas são praticamente os únicos moradores do zoológico com direito a tratamento cinco estrelas. 'Colegas' como leões, ursos e tigres, acostumados a serem VIPs em zoológicos do mundo inteiro, ficam confinados a tanques de concreto com tanta vegetação quanto um estacionamento na Avenida Paulista. É meio deprê.

Zoológicos, apesar do mau exemplo acima, são um mal necessário para a humanidade. Não gosto de pensar no conceito de 'bichos presos', mas acredito que a mágica de vê-los de perto é importante para educar as crianças e ensiná-las a amar a natureza. Nem todas as crianças que freqüentam zoológicos se tornam veterinários ou defensores dos direitos dos animais, mas pode ter certeza que aqueles poucos que se tornam guardam na memória alguma imagem inesquecível de um animal na infância. Sob esse ponto de vista, os bichos do zoológico são uma espécie de 'mártires' da causa animal – mesmo sem saberem.

Ver pandas ao vivo é algo realmente emocionante; espero que isso não seja motivo para você desconfiar da minha masculinidade. E perdoe a expressão que vou usar para descrevê-los, mas não consigo pensar em outra melhor: os pandas são mais que fofinhos. Eles são ultra-fofinhos. Pena que existam apenas 1.600 no mundo: espero que eles ainda estejam por aí quando minha filha tiver idade para amá-los como eu.

Perto do zoológico, no distrito de Haidian, fica o New Zhongguan Building Ground, um shopping como qualquer outro. Com uma pequena exceção: o restaurante Epiq Co., no quarto andar, especializado em comida de Taiwan. Foi lá que descobri uma coisa deliciosa: os moradores de Taiwan, como eu, também adoram lula à dorê. Talvez seja por isso que o governo chinês impede com tanta veemência os arroubos nacionalistas dessa província rebelde.

O bairro de Zhongguancun não é bom apenas para quem gosta de frutos do mar asiáticos. A região é o paraíso para quem gosta de *gadgets*, objetos que podem ser traduzidos do inglês para o português como 'tranqueirinhas eletrônicas'. Os equipamentos ali parecem ser verdadeiros, mas dizem que seus preços são mais baratos do que nas lojas oficiais do centro apenas porque os vendedores 'pagam menos impostos'. Quem acredita nisso deve imaginar também que um homem de barba branca vestido de vermelho distribui presentes para o mundo inteiro no Natal.

Em Zhongguancun há prédios e prédios lotados de lojinhas de câmeras, filmadoras, computadores, iPods e tudo mais. Os preços são bons e, se você tiver paciência para negociar com os insuportáveis vendedores, sairá de lá com um negócio da China. Eu não comprei nada, mas deixei Zhongguancun com centenas de cartões nos bolsos. Será que vou me lembrar dos preços de cada uma dessas lojinhas olhando apenas para os cartões em chinês que estão no meu bolso? Se você acredita nisso, prepare-se para a visita de um velhinho barbudo no próximo Natal.

> **Zoológico de Pequim:** Xizhimenwai Dajie, 137, Haidian, metrô Xizhimen, das 7h30 às 17h, (8610) 6831-4411), www.bjzoo.com
> **Electronics City:** Haidian Dajie, 3, Distrito de Haidian, das 9h às 21h
> **Epiq (Beijing) Co., Ltd.:** 4º andar, New Zhongguan Building Ground, Zhongguan Street, Distrito de Haidan, (8610) 8248-6288

中国

18.08.08

CENAS DA CHINATOWN OLÍMPICA

Segunda-feira, ou seja, mais um dia sabático para mim. Aproveitei para passar o dia inteiro trabalhando no hotel, mas como ninguém é de ferro (só o Homem de Ferro, diria um amigo meu) saí sozinho para dar uma voltinha e comer alguma coisa na hora do almoço. Desta vez, meu estômago optou por um restaurante ocidental, para evitar problemas lingüísticos na hora de fazer o pedido.

> *Uma das coisas mais legais para se fazer durante uma viagem longa é caminhar por ruas, digamos, 'normais', longe dos pontos turísticos tradicionais ou de qualquer outro lugar onde a palavra 'turista' esteja estampada na sua testa.*

Do hotel ao restaurante descobri mais um pouco da verdadeira Pequim, com gente andando de bicicleta para lá e para cá, crianças brincando nas calçadas e velhinhos de camiseta regata com a barriga à mostra sentados em umas cadeirinhas baixinhas, jogando conversa fora. Vi outras cenas ainda mais inusitadas, como uma mulher passeando com um cão da raça pequinês (eu achava que estava extinta) e um trio de senhoras uniformizadas exibindo faixas vermelhas nos braços com a inscrição 'Voluntários da Polícia'. Fiquei morrendo de medo de encarar aquelas velhinhas de 80 e poucos anos e levar um golpe de bengala-kung-fu na cabeça.

Minha idéia genial de almoçar em um restaurante ocidental não foi tão genial quanto eu esperava. Na falta de um McDonald's perto do hotel, fui comer no Kentucky Fried Chicken, um *fast food* de frango tão *fast* que o frango parecia estar prontinho ali há semanas esperando por mim. Só faltou ele falar '*Ni Hao*, Felipe' na hora em que a atendente o colocou numa caixinha de papel que eles chamam por aqui de 'prato'.

Eu achava que o KFC era um restaurante internacional, daqueles que servem a mesmíssima comida no mundo inteiro. Infelizmente não é, pelo menos não na filial que fica perto do Holiday Inn. Descobri isso quando dei a primeira mordida e constatei que os cozinheiros temperavam os frangos com um molho de pimenta fortíssimo.

Precisei de pelo menos três Seven-Up para conseguir terminar de comer.

Ah, é por isso que eu gosto de andar por essas ruazinhas menos óbvias... na volta para o hotel, dei de cara com um sebo bastante interessante, apesar de ele só vender livros usados em chinês. Comprei um belo exemplar sobre a arquitetura do Tibete por 50 RMB, ou cerca de R$ 12. De quebra, levei uma edição em mandarim do Ian McEwan, um dos meus escritores favoritos. Por que eu comprei o livro 'Amsterdam' de autoria de um escritor britânico em chinês? Nem eu sei. Acho que apenas para me sentir globalizado. E porque o preço era ridículo: apenas 5 RMB, ou R$ 1,25.

Trabalhei o dia inteiro com a TV ligada, então pude ver várias imagens da Olimpíada que eu não tinha conseguido assistir ao vivo. Não sei se o conceito de 'ao vivo' não funciona da mesma forma por aqui ou se a TV estatal chinesa está com birra da torcida brasileira, mas a verdade é que não consegui assistir a um único jogo ao vivo da Seleção Brasileira de futebol em nenhum dos 12 canais da CCTV. E olha que eles não se cansam de dizer que adoram o futebol brasileiro – imagina se detestassem.

Uma das imagens olímpicas mais interessantes que vi foi a do atirador americano Matthew Emmons, que perdeu a medalha de ouro na última rodada. Eu morri de pena, mas poderia ser pior: se eu estivesse lá, poderia ter morrido de verdade. Imagina um cara desses nervoso e com uma arma na mão. Imagina se ele põe na cabeça que o público atrapalhou o seu desempenho... a última coisa que eu quero é virar alvo de um cara que consegue acertar uma moeda do outro lado de um campo de futebol.

> *Por que o Brasil não investe para formar atiradores olímpicos? Aposto que essa seria uma bela forma de tirar as crianças do tráfico. E o Comitê Olímpico Brasileiro nem precisaria se preocupar em comprar o material específico de treino para os garotos, porque eles poderiam pegar emprestadas as escopetas e AK-47 dos amigos. Até as nossas munições poderiam colaborar para o ouro olímpico, já que mesmo quando as nossas balas parecem perdidas, sempre acabam encontrando o alvo. Infelizmente.*

Também tenho acompanhado a cobertura da Olimpíada pela mídia americana, cada vez mais patética. Antes dos Jogos começarem, a CNN fez piada com o manual de boas maneiras distribuído pelo Comitê Olímpico Chinês, que trazia recomendações como a proibição de se cuspir na rua e a sugestão para os taxistas evitarem comer alho em excesso. Os âncoras da CNN leram o manual no ar e morreram de rir, o que achei uma grande falta de respeito. Ora, é claro que eu também acho esquisito cuspir na rua, mas daí a uma emissora internacional zombar de costumes locais que estão sendo evitados justamente para receber melhor os turistas vai uma longa distância. Se os Estados Unidos fossem sediar uma Olimpíada, as recomendações do manual americano também deveriam ser duras: 'não entre na escola com uma metralhadora nem assassine colegas durantes os Jogos Olímpicos', 'não seja preconceituoso ou racista com atletas estrangeiros', 'tente fingir que sabe a localização geográfica dos outros países no mapa' etc.

Se a Olimpíada de 2016 for no Brasil, nosso manual terá que recomendar pelo menos dez mudanças nos hábitos do dia-a-dia:

1. *Os criminosos estão proibidos de fazer arrastões ou assaltar turistas nos faróis.*
2. *As torcidas organizadas estão proibidas de espancar integrantes de torcidas rivais.*
3. *Os taxistas estão proibidos de enganar os turistas.*
4. *É proibido depredar e pichar os estádios olímpicos.*
5. *É proibido ao MST e outros movimentos sociais invadirem e ocuparem a Vila Olímpica.*
6. *A comunidade carcerária e organizações criminosas estão proibidas de fazer rebeliões.*
7. *Evite ser filmado pedindo propina ao comitê olímpico ou a delegações internacionais.*
8. *É proibido torturar e matar traficantes rivais. Aliás, é proibido traficar drogas.*
9. *É proibido levar turistas a casas de prostituição infantil.*
10. *Mulatas rebolando na frente de turistas europeus cardíacos estão totalmente proibidas. E por aí vai.*

E o Michael Phelps, hein? Você já viu a cara dele de verdade, fora da piscina? Não sei, achei um cara bem esquisito, e não apenas porque ele come 12 mil calorias no café da manhã. Você reparou nos dentes? São meio afiados, como se fossem umas mandíbulas de tubarão. E a cor da pele do Phelps também é diferente, meio cartilaginosa, sei lá. Esse cara não me engana.

Não sei qual é sua opinião, mas acho meio esquisito ter arco e flecha na Olimpíada. Sei que é um esporte tradicional desde a Grécia Antiga etc., mas para mim soa meio fora de época, meio primitivo até. É como se nos Jogos Olímpicos a gente assistisse a modalidades como 'luta de tacapes' ou 'campeonato de arrastar mulher pelo cabelo', sei lá.

Alguém conseguiu ver a final dos 100 metros? Agora pouco, quando reprisaram a corrida, eu acabei piscando e perdi a chegada. Tive que assistir em outro canal, em câmera lenta, para entender o que tinha acontecido. Não sei por que a Jamaica pode ser uma potência olímpica e o Brasil não. E você percebeu que o tênis do Usain Bolt estava desamarrado? Uau, imagina só: se o cara corre 100 metros em 9,69 segundos e pisa no cadarço, aí teríamos o recorde mundial de tombo mais rápido do mundo.

O Brasil tem, na minha opinião, dois grandes problemas olímpicos. O primeiro é o psicológico, que sempre acaba afetando nossos atletas. Ser brasileiro é sentir sempre muita emoção, o que é bonito, mas atrapalha para burro quando você tem que ser frio e perfeccionista. O segundo problema é óbvio: não se investe o suficiente em esportes amadores, apenas em equipes profissionais de vôlei e futebol. Quando será que alguém vai acordar para isso? Afinal, é uma das maneiras mais ágeis e inteligentes para se fazer distribuição de renda: distribuindo ouro. Mas é melhor deixar para lá, ou alguém do governo pode entender errado a idéia e sugerir a criação do programa 'Medalha Zero'. E aí a gente ficaria ainda pior do que está.

Como é que se diz 'as mulheres mais bonitas da China' em chinês?

Dia sabático, muito trabalho… hora de relaxar e pensar em coisas agradáveis. Confesso que, antes de vir para a China, o único rosto feminino que eu conhecia bem era o da atriz Gong Li, estrela de sucessos do cinema como 'Lanternas Vermelhas' e 'Adeus, Minha Concubina'. Esses, no entanto, foram filmes do início dos anos 90, quando a atriz ainda estava com seus vinte e poucos anos e exibia uma sensualidade delicada, misteriosa e fora do comum. Zhang Yimou, o cineasta mais famoso da China – autor também da abertura da Olimpíada de Pequim –, e Gong Li, aliás, protagonizaram um dos maiores escândalos da sociedade chinesa nos últimos tempos ao assumirem um romance que durou a longa colaboração entre eles. Detalhe: Zhang Yimou era casado.

Gong Li continua linda aos seus 43 anos, mas senti uma curiosidade em saber quem são as estrelas atuais do país, as garotas que sairiam na capa da Playboy chinesa, por exemplo – se na China existisse uma Playboy.

Como o país tem uma população de 1,3 bilhão de pessoas, digamos que é difícil escolher as mulheres mais bonitas da China. Mas, pelo que tenho estudado por aqui ('estudado' é bom, não?), há algumas que são apontadas como unanimidade pela torcida do Corinthians – se na China existisse uma torcida do Corinthians.

Zhang Ziyi é bem famosa entre o público ocidental, já que é outra atriz descoberta por Zhang

Yimou (será que o Zhang... bom, deixa pra lá) e atuou em filmes razoavelmente conhecidos do grande público no Brasil, como 'O Tigre e o Dragão' e 'Clã das Adagas Voadoras'. Nascida em Pequim, a bela atriz de 29 anos que mora hoje nos Estados Unidos garantiu à mídia chinesa que estaria na cidade para acompanhar a Olimpíada. Infelizmente nós ainda não nos encontramos, mas ainda tenho esperanças de convidá-la para uma *bingde pijiu* na Nanluoguxiang, a Vila Madalena daqui.

Descobri algumas outras garotas chinesas muito bonitas, principalmente por meio de uma pesquisa ('pesquisa' é bom, não?) em jornais, internet e TV. Você pode imaginar como é difícil descobrir como identificá-las por fonemas ocidentais, já que seus nomes, claro, estão sempre escritos em ideogramas chineses. Mas fiz um esforço ('esforço' é bom, não?) e aqui está uma lista das cinco chinesas mais bonitas que encontrei.

1. **Rong Zu Er**: Essa cantora é a mulher mais bonita da China na atualidade, na minha modesta opinião de chinês por um mês. Conheci a Rong (olha a intimidade) graças ao videoclipe 'Beijing Huan Ying

Ni' (Seja Bem-Vindo a Pequim), um dos hinos da Olimpíada. Não me canso de ver esse clipe, e não apenas pela presença dela: a música do compositor Xiao Ke é maravilhosa e o clipe mostra cenas belíssimas de lugares de Pequim que eu certamente morrerei de saudades. Infelizmente, não posso comentar sobre a letra do compositor Albert Leung, mas tenho certeza de que ela também é ótima.

2. **Li Xiang:** Apresentadora mais famosa da China, ela tem a mesma mania de várias estrelas da TV brasileira: acha que é cantora. E ainda acaba der estrear no cinema, como produtora da comédia romântica 'Shiquan Jiumei' ('Quase Perfeita'). Daqui a pouco vão achar que, além de apresentar e cantar, ela também sabe… atuar.

3. **Na Ying:** Essa excelente cantora também está no vídeo de 'Beijing Huan Ying Ni'. Além de ser linda, tem uma voz rouca e supersexy. Minha música favorita é 'Zui Ai Zhe Yi Tian', perfeita para ouvir a dois em um lounge oriental.

4. **Wei Wei:** Uma das cantoras mais famosas da China, a garota parece ter saído de um conto de fadas chinês. Nascida em uma família pobre no interior da Mongólia, ela foi descoberta por um professor da

escola, que a inscreveu em um concurso de talentos. O resto é aquela velha história de sempre: 200 milhões de discos vendidos, shows em estádios, website em várias línguas, etc. Nada como realizar um sonho impossível: muitas vezes a beleza vem daí.
5. **Cai Yi Lin:** A carreira da cantora de Taiwan estava praticamente acabada até ela lançar seu último disco, o bem sucedido 'Wu Nian' (Dançarina) em 2006. A seguir, a tradução do maior hit do álbum, a canção 'Jia Zhuang':

"Senti o cheiro da solidão
Meu coração ficou esquecido
após muito tempo de silêncio
A minha felicidade recai
sobre seu peito
Quando se perde o amor,
outras coisa boas também ficam para trás
Mas quero fingir
apenas por mais um segundo
Continuar sonhando
que estamos abraçados"

Triste, não? Coitada da Cai Yi Lin. Acho que vou deixar a Zhang Ziyi para lá e convidá-la para uma *bingde pijiu* na Nanluoguxiang. Ela está precisando afogar as mágoas.

19.08.08
UM BELO DIA QUE TERMINOU MAL

Um dia que começa com uma manhã ensolarada e uma bela caminhada em um parque lindo como o Beihai não pode terminar mal. Mas aconteceu justamente o contrário, o que prova que, como diria algum filósofo chinês, 'uma coisa não tem nada a ver com a outra'.

Beihai é o parque mais popular de Pequim e fica pertinho do portão norte da Cidade Proibida. Era lá que as dinastias chinesas andariam de pedalinho, se existissem tantos pedalinhos mil anos atrás quanto existem hoje. Chegamos pouco antes da hora do almoço, mas nos disseram que o melhor horário para freqüentar o Beihai era pela manhã, cedinho, para assistir aos velhinhos praticando Tai Chi Chuan. Eles fazem isso em todos os parques, mas dizem que no

Beihai se reúne um verdadeiro exército de senhores e senhoras preocupados com a mente e o corpo. Poderiam até servir de exemplo para os nossos velhinhos – se os nossos velhinhos não tivessem que se preocupar em não ser assaltados toda vez que entram em um parque. Isso não aconteceria na China por várias razões: não há violência, os idosos são respeitados e, se as duas outras razões falharem, os velhinhos se juntam e dão um pau nos ladrões.

Uma caminhada sempre abre o apetite e, seguindo meu conselho, pedimos à nossa tradutora que nos recomendasse um bom restaurante de comida típica de Taiwan. Tentei reproduzir o sabor do meu almoço do último domingo, mas fiquei decepcionado ao ver que o cardápio do Café Bellagio (Taiwan é meio metida a ocidental, não liga não) não tinha nada a ver com os deliciosos frutos do mar que eu havia provado no Epiq, em Zhongguancun. O restaurante só valeu pela sobremesa; não que eu tivesse coragem de experimentá-la (eu não tive), mas porque foi a coisa mais esquisita que eu vi sobre uma mesa de restaurante desde que cheguei. Imagine um sundae de chocolate em formato de pirâmide; agora imagine que, em vez de chocolate, o recheio é feito com feijões e outros ingredientes que fiquei com medo de perguntar. Era isso mesmo: uma raspadinha de feijão em formato de cone com 30 cm de altura. Só não era mais horrível porque era gelado, e por isso não tinha aquele cheiro de óleo de banha de porco típico da comida chinesa. Resumindo, esse restaurante de Taiwan não era exatamente ruim, mas comparado com o que fui no domingo foi uma decepção. A primeira do dia, eu diria.

Ah, nada como uma voltinha pela rua Wangfujing para esquecer um almoço esquisito. Aproveitei para fazer uma coisa que queria fazer há tempos: entrar em uma loja de CDs e conhecer um pouco mais da música pop da China.

Alguns aparelhos permitiam uma degustação dos últimos lançamentos da música chinesa. Foi ali que ouvi uma música bonitinha da cantora Jade, vencedora de uma espécie de 'American Idol' daqui (não, o programa não se chama 'Chinese Idol'). Dando uma volta pela loja, percebi que, apesar de desconhecida no ocidente, a música chinesa produz milhares de artistas dos estilos mais variados, do erudito ao emo (sim, há chineses emo e são iguaizinhos aos nossos, com exceção dos olhos puxados). Esses artistas praticamente dominam as prateleiras da loja, deixando para os cantinhos escuros as Celine Dion e Britney Spears da vida. Interessado em comprar algum CD, procurei um vendedor moderninho e perguntei quem seria, sei lá, o Radiohead da China. Ele olhou para mim e fez uma careta. 'O que é Radiohead?'. Se eu quiser saber alguma coisa sobre música chinesa, vou ter que perguntar para a minha tradutora.

Como é que se diz 'futebolzinho ridículo' em chinês?

Foi também na Wangfujing que começou a minha odisséia (mais uma) para assistir ao jogo Brasil x Argentina, que começava às 21h. Fiquei sabendo que em um hotel americano havia a chance de conseguir comprar ingressos, já que as agências de turismo americanas enviariam para lá o que sobrasse na última hora em seus estoques. Foi em vão: o americano disse que não sabia por que, mas esses ingressos haviam se esgotado rapidamente. Como ele era americano, não fiquei surpreso. Mas qualquer um que goste um pouquinho de esporte saberia que Brasil x Argentina em uma semifinal olímpica de futebol em Pequim não é um joguinho que acontece todo dia.

Como a Wangfujing é cheia de turistas, comecei a abordar brasileiros para saber se havia algum ingresso sobrando. É claro que não havia. Expliquei meu desespero, mas não adiantou. Brasileiro é um bicho meio desconfiado, ainda mais quando encontra outro brasileiro no exterior. Devem ter me olhado e achado que eu tinha cara de cambista.

Só me restou ir para a porta do Estádio dos Trabalhadores e tentar dar um jeito por lá. Fiquei surpreso com o número de chineses tentando vender ingressos nas redondezas, mas não me pareceram cambistas de verdade, daqueles 'profissionais' que estamos acostumados a ver no Brasil e que chegam a oferecer até ingressos VIP. Aqui parecia mais que eram uns pobretões sonhando em ganhar uma graninha, às vezes com um único ingresso na mão.

O 'meu' cambista era um chinês que não falava uma palavra de inglês. Sorte que ele tinha uma calculadora nas mãos e podíamos disputar o aparelho e digitar os preços durante a negociação.

O cambista deu o pontapé inicial com 1.500 RMB, cerca de R$ 375. Foi tocando, tranqüilamente, levando a proposta até o meio de campo. Foi quando eu recuperei a bola e chutei 500 RMB de bate-pronto. Percebi que a defesa dele sentiu o golpe, mas reagiu rapidamente e lançou o contra-ataque: 1.000 RMB. Agora a bola estava comigo. Roubei a calculadora da mão dele e coloquei no ângulo: 700 RMB. Ele respirou fundo e viu que não havia tempo para prorrogação ou disputa de pênaltis. O juiz apitou o fim do jogo e o ingresso era meu por R$ 175. Foi caro, mas quando eu teria a chance de ver um Brasil x Argentina histórico como este?

Dentro do estádio, comprei uma *bingde pijiu* para comemorar. Parecia impossível, mas lá estava eu, subindo as escadas em direção à arquibancada para ver o jogo que levaria o Brasil para o inédito ouro olímpico. Só faltava combinar com os argentinos.

Havia um clima estranho no ar, mas só fui me dar conta disso mais tarde. Normalmente, a gente acha que todas as torcidas têm a 'obrigação' de torcer para o Brasil, pois somos os reis do futebol-arte, os pentacampeões do mundo etc. Pelo menos era essa idéia que eu tinha quando assistia às transmissões de futebol da Globo na TV. Mas na vida real foi bem diferente: o Estádio dos Trabalhadores estava totalmente dividido, com muitos chineses vestindo amarelinhas do Ronaldinho e branquinhas e azuizinhas do craque Lionel Messi.

Sentei no meu lugar e tive que agradecer ao meu cambista chinês: a vista era espetacular. Faltava uma hora para o começo do jogo e estava tudo perfeito. Só faltava o Brasil jogar, o que infelizmente não chegou a acontecer.

Não vou entrar no mérito do jogo porque os comentaristas esportivos brasileiros perderam semanas falando sobre isso. Mas que o Ronaldinho estava lento e o Diego não soube distribuir o jogo desde o início não precisa ser nenhum freqüentador de mesa-redonda para afirmar. A Argentina foi rápida, objetiva, talentosa. A Seleção Brasileira estava jogando no fuso horário do Brasil: o time estava tão sonolento que parecia que os caras tinham acabado de acordar.

Um jogo rápido sobre a partida: o Ronaldinho estava a cara (e o corpo) da tenista Serena Williams, apesar das pernas dela serem mais grossas; antes de começar a partida houve uma apresentação de cheerleaders *masculinos lutando Kung-Fu; em vez de gritar o já tradicional* Zhongguo Jiayou *(Força, China), a torcida se uniu numa só voz para protestar com* Xia Ke Xie Ya Long, *algo como 'o futebol chinês é uma droga';*

impensável no Brasil: o público não vaiou o número de pagantes do jogo, 52.968. Até eu acreditei; o Pato foi aplaudido pelos chineses, mas não porque jogou bem: ele saiu na capa de uma revista de futebol daqui fazendo o sinal de um coração com as mãos e os chineses acharam isso 'bonitinho'; o Kobe Bryant, da seleção de basquete dos Estados Unidos, estava no estádio e fez mais sucesso que o Maradona, que também estava.

Depois do jogo, o público foi todo para a Sanlitun, rua cheia de barzinhos pertinho do estádio. E foi assim durante toda a madrugada: brasileiros cantando que são 'brasileiros com muito orgulho, com muito amor' etc. A maioria dos caras vestia a camisa da Seleção e aquelas perucas ridículas que eles adoram exibir na TV. Não sei por que estavam com tanta saudade do Brasil, já que muitos tinham chegado aqui apenas alguns dias antes. Vigiando de longe e deixando um pouco a bagunça rolar solta, a disciplinada polícia chinesa não entendia por que os caras comemoravam tanto se o Brasil havia acabado de perder o jogo. Para falar a verdade, eu também não.

> 中国
>
> **Parque Beihai:** Wenjin Jie, 1, Xicheng, (8610) 6403-1102
> **Cafe Villagio:** Zhu Jiang Building, 360 Huan Shi Dong Lu, das 9h às 0h, (8620) 8376-6106, www.bellagiocafe.com.cn
> **Estádio dos Trabalhadores:** Gongti Rd., Distrito de Chaoyang, metrô Dongsishitiao

20.08.08

UM MUNDO, UM PREÇO

Fazer compras no Mercado da Seda é uma experiência que provoca sentimentos conflitantes em qualquer ser humano. Por um lado, o local é um portal para um universo consumista que oferece os objetos mais variados e desejados do planeta a preços bastante acessíveis. Por outro, é um exercício de paciência que esgota física e mentalmente qualquer um em pouquíssimo tempo.

Há quem acuse o Mercado da Seda de ser um ponto de contrabando; outros dizem que é o paraíso dos produtos falsificados. É um pouco dos dois, eu diria. Graças à corrupção nas linhas de montagens chinesas, há muitos produtos que vão parar lá devido a 'sobras' na produção das fábricas locais contratadas por clientes internacionais. Por outro lado, há, sim, produtos totalmente falsificados que não resistem a uma segunda leitura. "Por que será que esse tênis Nike veio escrito com a letra 'M'?" é um tipo de pergunta que intriga os freqüentadores do Mercado da Seda, vorazes consumidores que lotam o lugar como urubus à procura de carniça. E o movimento estava ainda mais intenso em tempos de Olimpíada: os russos, por exemplo, foram fazer compras com o ônibus oficial da delegação.

Não pensem, no entanto, que são só os muambeiros russos que aproveitam as ofertas do 'Silk Market'. Na verdade, os russos têm um mercado negro à parte, ali perto, onde sacoleiros de outros países são proibidos de entrar. É sério: a corrupção está tão entranhada no estilo de vida da Rússia que não consegue ficar restrita nem às superlativas fronteiras do país. Eles têm seu próprio Mercado da Seda em Pequim.

Há também muitos turistas dos Estados Unidos no Mercado da Seda, apesar de as empresas americanas reclamarem que a China não respeita o copyright e o direito de imagem das marcas. Bom, não respeita mesmo. O que há hoje é uma pseudofiscalização em que os vendedores fingem que têm medo dos fiscais e os fiscais fingem que não ganham nenhum dinheirinho por fora (por acaso isso te lembra algum outro país?). Segundo um amigo meu, deixar o Mercado da Seda correr solto ao lado da embaixada dos Estados Unidos é a maior piada que os chineses poderiam ter feito com os americanos.

Veja só o caso da Louis Vuitton, por exemplo: os produtos não ficam expostos nas lojinhas, mas as vendedoras (todas falam inglês e algumas arriscam russo, espanhol e até português) exibem catálogos atualizados com fotos e mandam buscar as bolsas e carteiras escolhidas pelos clientes. Dependendo da qualidade e da negociação, uma bolsa pode custar de 300 a 1.500 RMB (entre R$ 75 a R$ 375). Poucas garotas e garotos chineses armados apenas com um rádio são os 'temíveis' guardiões desse enorme prédio de seis andares e milhares de metros quadrados. Ou seja, é fiscalização para americano ver… e esquecer.

Mas se a coisa é tão tranqüila assim, por que é preciso tanta paciência para fazer compras no Mercado da Seda? Bem, em primeiro lugar porque as vendedoras arrastam literalmente você para dentro das lojas. Não é modo de falar, não: eu me senti o cara mais bonito do mundo depois de ter sido chamado de *Mr. Handsome* e agarrado por mais de vinte chinesas em apenas meia hora de passeio.

Aqui vai uma dica para quem quiser se aventurar pelo Mercado da Seda: não pergunte o preço de nenhum objeto se não estiver realmente com vontade de comprá-lo. A vendedora não vai deixá-lo em paz enquanto vocês não chegarem a um acordo sobre o valor. Isso significa que um objeto de 1.000 RMB pode sair por 10 RMB se você estiver disposto a perder metade do seu dia.

Pechinchar é um esporte chinês tão típico quanto o ping-pong. Justamente por não ter paciência para esse joguinho psicológico que não fui um cliente muito bom para as chinesas. Metade do tempo que eu estava por lá, aliás, passei assistindo a um clássico da pechincha mundial: uma cliente árabe negociando com uma vendedora chinesa. As duas mulheres arrancando o produto uma das mãos da outra é uma cena que nunca mais esquecerei. Se pechincha fosse um esporte olímpico, esses dois países praticantes da pechincha-arte estariam brigando centavo a centavo pela medalha de ouro.

Saindo de lá fui visitar um amigo meu, brasileiro, que mora na China há quase uma década. Bem-sucedido executivo do ramo de energia, ele é um belo exemplo da pujança financeira que inunda o país desde a abertura econômica. No início dos anos 2000, ele foi convidado a trabalhar na China como funcionário de uma empresa européia de tecnologia. Em 2005, acabou saindo para se tornar CEO de uma empresa que ainda estava começando. No início, sua equipe tinha apenas três funcionários. Hoje, tem sede no sofisticado CBD (Distrito Central de Negócios), uma fábrica própria e mais de 1.300 funcionários em toda a China. Só um pequeno exemplo de como a explosão chinesa não tem precedentes na economia moderna.

Jantei com ele e sua mulher – uma ex-colega minha dos tempos da escola – na 'humilde' residência do casal: uma casa de quatro andares decorada com móveis chineses em um condomínio internacional de Pequim, a uns 25 quilômetros do centro. Ali, arroz, feijão e um churrasco de picanha não são obsessões de brasileiros com saudades da terra natal. São pequenos luxos do dia-a-dia, simples detalhes que transformam Pequim em uma cidade cada vez mais cosmopolita e confortável para os estrangeiros.

Ao falar sobre a sua vida aqui, minha amiga sem querer me deu uma aula de como a globalização pode melhorar o mundo, se a gente esquecer por um minuto das pessoas interessadas apenas em ganhar, ganhar, ganhar. Ela e uma amiga, ambas fotógrafas, produzem todo ano um calendário com fotos de cenas chinesas para vender aos amigos estrangeiros. O dinheiro arrecadado vai para a Half The Sky, ONG que acolhe órfãos, constrói escolas e treina professores chineses. Do nada, uma brasileira e uma australiana ajudam as crianças do país onde vivem, sem se preocupar com a nacionalidade de nenhum dos envolvidos. O que prova que, para algumas pessoas, 'Um mundo, um sonho' pode ser muito mais que um simples slogan olímpico.

Mercado da Seda: Xiushui Dongjie, 8 Jianguomenwai Dajie, Distrito de Chaoyang, metrô Yong'anli, das 9h às 21h, (8610) 5169-8800
Half the Sky: www.halfthesky.org

中国

21.08.08

BEIJING BEIJING, NIAO TIAO

Chegou a vez de mais um dia olímpico, e desta vez bastante especial: era minha 'estréia' no Estádio Nacional, o famoso Ninho dos Pássaros, projeto da dupla suíça Herzog e De Meuron e principal obra do Bairro Olímpico. Aqui, os chineses chamam o estádio de Niao Qiao, que se pronuncia 'Niao Tiao'. É engraçado, porque isso soa como se eles estivessem falando: 'tchau, tchau'. Como sou distraído, acabo pensando que as pessoas estão indo embora e também me despeço. Eles não entendem nada.

Lembra da sigla BRIC, usada por economistas para designar o bloco de países emergentes formado por Brasil, Rússia, Índia e China? Pois eu acho que é um otimismo irreal incluir o 'C' nessa mesma turma. A China merece uma categoria à parte. É só imaginar o dinheiro que eles gastaram com infra-estrutura para sediar essa Olimpíada, algo impensável para países como Brasil, Rússia ou Índia. Eles reconstruíram a

> *cidade de Pequim em sete anos, e não estou falando apenas do aeroporto ou dos novos estádios e arranha-céus erguidos especialmente para receber os atletas e turistas do mundo inteiro. Todas as ruas foram recapeadas, o metrô foi absurdamente ampliado, as pontes foram praticamente reerguidas. No Brasil, para fazer um mísero quilômetro de metrô a gente demora anos e a obra ainda cai na nossa cabeça.*

Com competições decisivas em várias modalidades do atletismo, a noite tinha tudo para ser uma das grandes da Olimpíada. Pena que a lesão do ídolo chinês Liu Xiang tirou um pouco da animação chinesa. Ao lado do jogador de basquete Yao Ming, Liu Xiang é o maior ídolo chinês desta Olimpíada – pelo menos em número de campanhas publicitárias. Liu Xiang sofreu uma lesão no calcanhar de Aquiles (até o machucado teve um toque olímpico, percebeu?) e ficou de fora da tão esperada final de 110 metros com barreiras, prova que o cubano Dayron Robles venceu com facilidade.

A ausência de Liu Xiang, porém, não reduziu em

mim o impacto de entrar no Ninho (olha a intimidade) pela primeira vez. O estádio é lindo à noite: vermelho e cheio de luzes estrategicamente espalhadas pela estrutura. Na verdade, o Bairro Olímpico inteiro é maravilhoso à noite, aliás: a torre de TV da CCTV muda de cores, assim como o Cubo Aquático da natação. Pode parecer deslumbramento (e é), mas não há quem não fique perdido diante de tanta coisa para olhar – mesmo assim, tenho que admitir que o Ninho dos Pássaros é minha construção olímpica favorita. Sua estrutura é aparentemente caótica, com toneladas de aço unidas de maneira que parece visualmente aleatória (apenas parece, claro), quase como se o gigante que fez a Grande Muralha tivesse jogado barras de ferro em um terreno baldio e construído um gramado perfeito no centro dessa bagunça.

Claro que isso é modo de falar, porque de bagunçado o estádio não tem nada. É limpo, organizado, moderno. Até quem comprou ingressos mais baratos têm uma visão privilegiada: nas arquibancadas mais afastadas (não era o meu caso, felizmente) foram instaladas telas de plasma para o público acompanhar os detalhes das provas.

Fico imaginando quanto tempo essas telas de plasma durariam no Brasil após uma derrota do Corinthians, por exemplo. Ou, para falar a verdade, em qualquer outro jogo de futebol. Seriam destruídos, claro, a não ser que algum malandro levasse os aparelhos embora. 'Aê, mano olímpico, sai fora que eu vou levar esse computador bem loco para casa, tá ligado?')

Como é que se diz 'o cara mais rápido do mundo' em chinês?

Eu fiquei bem perto da pista de atletismo, tão perto que conseguia até sentir o cheiro de suor dos atletas (o que não é necessariamente uma coisa boa. E talvez seja um exagero meu. Não, com certeza é um exagero meu). Logo na entrada, a primeira impressão foi a mesma que tive quando entrei para assistir às provas de ginástica olímpica, ou seja, que tem um monte de coisas acontecendo ao mesmo tempo. Olhando para a esquerda, vi a disputa de arremesso de dardo feminino; à direita, o salto em altura masculino; as provas de corrida aconteciam em volta do gramado. Só achei que faltou um semáforo para facilitar a vida dos atletas. Alguns cruzavam a pista de atletismo sem olhar para os lados, o que poderia ter terminado em atropelamento. E seria difícil correr atrás e pegar quem atropelou.

Os esportes olímpicos tradicionais são bem legais de se assistir ao vivo, mas como eu estava bem perto das atletas, confesso que fiquei com um pouco de medo do arremesso de dardo. Isso porque começou uma garoa fina pouco antes da prova final. E daí fiquei imaginando: 'chuvinha fraca, escorregadia, esse dardo vai acabar escapando da mão dela'... Imagina se uma russa como a Maria Abakumova, cujo braço direito é do tamanho das minhas duas coxas juntas, escorrega e arremessa o dardo na direção da platéia? Ia fazer um estrago.

Fiquei tão empolgado com o atletismo que pensei em começar a me dedicar a uma das categorias. Como sou meio ansioso, pensei em virar especialista nos 100 metros, prova que acaba em poucos segundos e dá para ir para casa rapidinho. Mas nessa prova a gente tem que correr muito rápido, e isso não é para mim. Pensei, então, na maratona, que dá para correr mais na boa. Mas aí demora e cansa muito, afinal são mais de 42 quilômetros. Difícil escolher. Acho que vou tentar combinar as duas provas: vou correr 100 metros de distância em uma velocidade de maratona. Será que esse esporte pega? Entre os preguiçosos, sim.

Descobri a origem de duas modalidades do atletismo: o salto triplo foi inventado no Pantanal por fazendeiros que tinham que cruzar rapidamente um rio pisando em cabeças de jacarés; o salto em altura foi inventado por um cara que morava em uma casa de muros altos, chegou da balada de madrugada e esqueceu a chave. Sério.

Uma coisa me deixou particularmente feliz: a entrega das medalhas dos 200 metros, prova que rolou um dia antes. Pude ver de perto o jamaicano Usain Bolt, um personagem olímpico que achei ainda mais interessante que o Michael Phelps. Ele não apenas quebrou os dois recordes mundiais mais incríveis da Olimpíada (9.69 nos 100m e 19.30 nos 200m), como nos 100 metros ele ainda olhou para os lados e bateu no peito antes de vencer a prova. Queria ver se o Phelps teria coragem de dar uma cambalhota embaixo d'água antes da chegada.

Usain Bolt é impressionantemente alto e forte, o tipo de cara com quem você não gostaria de trocar palavras, digamos, mais ásperas. Para se ter uma idéia de como ele é rápido, aquela câmera de TV por controle remoto que corre nos trilhos ao lado da pista teve que suar para acompanhá-lo.

Bolt tem um sorriso arrogante e sarcástico, do tipo 'sim, eu sei que sou o melhor'. Bem, ele é, o que me obriga a perdoá-lo. Como diria o Zagallo, o mundo tem que engoli-lo. Ver o Bolt recebendo a medalha de ouro ao vivo foi ainda mais legal porque os alto-falantes do estádio tocaram 'Happy Birthday to You' em homenagem ao aniversário dele: ontem o cara fez 22 anos. Ao ganhar a medalha de ouro, Bolt fez aquela pose característica, como se estivesse apontando um arco e flecha para o céu. Vou guardar essa imagem para sempre como uma foto impressa no meu cérebro: a noite em que vi um simples homem se tornar uma lenda.

As garotas que correram a Marcha Olímpica também receberam medalhas nessa noite. Sabe a Marcha Olímpica? É aquela maratona em que os atletas parecem estar rebolando. A regra não permite que eles tirem os pés do chão, algo assim. Peraí, uma corrida em que as garotas rebolam durante 20 quilômetros? E como é que essa Olga Kaniskina, uma russinha magricela e seca, levou a medalha de ouro? Se a gente tivesse inscrito alguma dançarina de funk carioca o Brasil teria alguma chance. Onde está a Mulher Melancia quando o país precisa dela?

Tudo bem, tudo bem. Fica para a próxima. Ganhar uma medalha olímpica deve ser muito legal. Apesar de não ser atleta, eu adoraria levar uma para casa. Pena que não encontrei nenhuma para vender no Mercado da Seda.

> **Estádio Nacional (Ninho dos Pássaros):**
> Olympic Green, Distrito de Chaoyang, 中国
> Houhai, metrô Olympic Center/Olympic Park

22.08.08

REPÚBLICA POP DA CHINA

Ai, o verão na China... Época de calor sufocante, perninhas de fora e cabelos ao vento, incontroláveis diante das fortes brisas vindas do mar...

Ops, volta a fita. A única coisa que nos lembra de

que é verão em Pequim é o calor úmido e grudento de quase 40°C, o resto é uma imagem construída na minha cabeça ocidental. As chinesas não exibem tanto as pernas como as brasileiras, pelo menos não as garotas que tenho visto pelas ruas. Na verdade, elas não gostam de exibir ao sol nenhuma parte da pele, pois aqui a brancura é que é sinônimo de beleza. Ficar morenaça depois de horas torrando debaixo do sol vestindo apenas um biquíni fio dental pode ser encarado mais como tortura do que como benefício estético. As chinesas gostam tanto de ficar branquinhas como porcelana que usam até umas luvas compridas para cobrir os braços e não deixá-los expostos aos raios solares. Com o cabelo é a mesma coisa: dificilmente você vai ver uma chinesa de cabelão comprido e selvagem solto durante o dia. E quanto à brisa do mar, claro: não há mar em Pequim.

É claro que isso não impede as chinesas (e chineses) de curtir o verão. O amor à estação mais quente do ano levou inclusive o imperador Wan Yanliang (que não era besta, nem nada) a construir o Palácio de Verão (Tiantan Gongyuan) ao pé da Montanha da Longevidade, norte de Pequim. Os imperadores que vieram depois do Wan (olha a intimidade) gostaram da história e foram acrescentando pequenos detalhes à obra: um lago gigante, jardins espetaculares, mais palácios... Hoje o Palácio de Verão é um complexo turístico maravilhoso, tão imperdível quanto a Cidade Proibida ou a Praça da Paz Celestial.

É um passeio que dura o dia inteiro – e você nem vê o tempo passar. O mais gostoso é se deixar perder pelos jardins e caminhar sem compromisso, olhando a paisagem e parando de vez em quando para pegar carona nos barquinhos em formato de dragão que transportam os turistas entre as várias ilhas do parque.

No Palácio de Verão aconteceram duas coisas que me marcaram, coisas bobas até, mas que dão mais uma vez a dimensão do orgulho que os chineses estão sentido por receber o mundo inteiro para a Olimpíada. Ao final do passeio, ao perceber que seria difícil conseguir um táxi para voltar para o hotel, decidi almoçar por lá mesmo, em uma pequena cantina abarrotada de turistas. Cheguei ao balcão e pedi: *Qing Wo Yao Yigan Piza*, (não tenho certeza, mas acho que é assim que se escreve 'por favor, eu quero uma pizza'). Quando sentei, notei que um velhinho na mesa ao lado estava me encarando. Não estou falando de um velhinho qualquer, mas de um daqueles chinesinhos típicos, com o rosto todo enrugado e um penteado estilo Fu Manchu com um tufo do cabelo preso no topo da cabeça. Ele ficou sorrindo para mim, até que respondi: *Ni Hao, Shifu* (Olá, mestre). Ele começou a falar em chinês, imaginando que eu entenderia alguma coisa. Claro que não entendi nada, e soltei logo um *Wo Bu Zhidao* (eu não sei). Aí ele começou a falar em inglês 'Estou feliz, você sabe falar chinês. Bemvindo à China, somos amigos.' Ele estava errado porque eu não sei falar chinês, mas mesmo assim puxei papo e perguntei onde ele havia aprendido a falar inglês tão bem, já que é difícil encontrar pessoas com mais de 25 que saibam um segundo idioma – a não ser russo, que era ensinado nas escolas públicas durante os tempos áureos da amizade comunista entre China e Rússia. Ele respondeu que tinha aprendido na universidade e ficou nisso. Quando me levantei, ouvi uma voz rouca e fraquinha. 'Quando voltar para o seu país, leve seu amor pela China para seus amigos.' Agradeci e fui embora, emocionado.

Do lado de fora, a velha dificuldade para arranjar um táxi. O Palácio de Verão fica a cerca de 45 minutos do centro de Pequim, por isso muitos motoristas

2008: ano em que todos os olhos do mundo estavam voltados para a China

Sonhos de consumo: 'me vê uma caixinha de ideologia, por favor?'

Precisando comprar uma tranqueirinha? Pequim é o paraíso

Pelé na Cidade Proibida: as crianças seguem o Rei na terra dos Imperadores

Decepção: governo proíbe exibição da festa de encerramento em praça pública

Como é que se diz 'circulando, circulando' em chinês?

Pato à Pequim: tão bom que é para comer de joelhos

Tradição em Liulichang: nada como passear pelo charmoso bairro dos antiquários

A China do passado começa a desaparecer... como os velhos bairros de Pequim

A pobreza nos *hutongs*: banheiros e pátios divididos entre várias famílias

Cenas de Pequim: eu trouxe o meu amor pela China para os meus amigos

Energia politicamente incorreta: vai um carvãozinho aí?

'Beijing Huan Ying Ni': seja Bem-Vindo a Pequim

Um mestre do Liu Qin, espécie de cavaquinho milenar

Vem chegando o verão... todos de bundinha de fora

Como é que se diz 'saudades' em chinês?

simplesmente se recusam a te levar – muito menos aparecer por lá do nada para pegar passageiros. Eu e um casalzinho de adolescentes chineses teríamos que disputar no braço o primeiro táxi que aparecesse – se aparecesse algum, claro. Eu já estava até pensando em pegar um ônibus que passava com certa freqüência, mas fiquei com medo de não entender o destino e acabar indo parar ainda mais longe do hotel. Então, apareceu um táxi.

O maldito casalzinho estava lá antes de mim, por isso não tive como empurrá-los no chão e entrar no táxi à força. Eles viram o meu desespero, já que eu teria que ficar pelo menos uns 45 minutos ali em pé, esperando o próximo táxi – se aparecesse. Mas não tinha jeito: o casalzinho entrou no carro e fiquei do lado de fora, com cara de cachorro chinês magro. Foi aí que veio a surpresa: eles abriram a porta e me convidaram para entrar. Nenhum dos dois falava inglês e eu não falo chinês, mas dava para ver que eles queriam saber para onde eu ia. Liguei para o hotel e passei o celular para o motorista, hábito de 11 entre 10 estrangeiros na China (há até um serviço oficial que faz isso). A recepcionista explicou o endereço para o taxista e lá fomos nós, todos juntos, de volta ao centro da cidade. O motorista me deixou na porta do hotel e, claro, fiz questão de pagar a corrida. Eles sorriram e agradeceram. Fiquei com vontade de dizer 'podem ter certeza de que eu vou levar o meu amor pela China para os meus amigos', mas eu não sabia como dizer isso em chinês.

Como é que se diz 'inferninho' em chinês?

Posso garantir que já conheço razoavelmente a noite de Pequim, mas ainda não tinha ido à região de Chaoyang Park nesse horário, onde acontecem a maioria das baladas lotadas de estrangeiros e onde os chineses são minoria. Nada melhor do que uma sexta-feira à noite para consertar essa falha no meu currículo de chinês por um mês. Comecei a noite no Souk, barzinho com clima de lounge árabe, mesas ao ar livre e telão de plasma exibindo a Olimpíada, onde tive a tristeza de ver o time de basquete americano vencer a Argentina por 101 a 81. Dois Dry Martinis depois, caminhei alguns passos e entrei no clube mais VIP de Pequim, The World of Suzie Wong Club, boate de três andares batizada em homenagem àquele filme dos anos 60 estrelado pelo William Holden.

Para os padrões chineses, até que a entrada é bem cara: 200 RMB, cerca de R$ 50. Esse clima exclusivo faz do Suzie (olha a intimidade) o lugar favorito das celebridades, dos chineses descolados e dos estrangeiros endinheirados (não é meu caso, mas fui 'obrigado' a passar a noite no Suzie Wong apenas para poder escrever para você como é o lugar).

Ver chineses e holandeses dançando loucamente ao som de Shakira me deu mais uma vez a sensação de que o mundo está cada vez menor e mais parecido. O poeta inglês Rudyard Kipling disse no início do século 20 que o ocidente e o oriente nunca se encontrariam. Se ele estivesse vivo e visitasse a China no início do século 21, tenho certeza de que sua opinião seria diferente.

Vou tentar explicar o estilo do Suzie Wong: sabe aqueles filmes sobre a guerra do Vietnã em que os soldados americanos fazem a festa com garotas orientais em inferninhos vietnamitas? Agora imagine isso acontecendo dentro da Daslu. O Suzie Wong é mais ou menos assim.

É fácil entender então por que o lugar atrai tantos estrangeiros. E nessa época de Olimpíada esse número se multiplicou: como a maioria dos atletas já encerrou sua participação, dá a impressão de que a Vila Olímpica se mudou e veio passar o fim de semana no Suzie Wong.

Na hora em que fui ao banheiro, vi um grupinho de caras altos e fortões conversando em uma rodinha, como se estivessem discutindo um segredo. Como sou só um pouquinho curioso, me juntei a eles para descobrir o que estava acontecendo. Eles me olharam com uma cara meio estranha, do tipo 'de onde saiu esse cara?', mas daí expliquei que era jornalista, brasileiro, 'football, football...', e eles ficaram mais relaxados. Perguntei então qual era o assunto secreto daquela rodinha, e um dos caras tirou um negócio do bolso para me mostrar: era uma medalha de ouro.

Fiquei de boca aberta, pois estava diante do campeão olímpico em remo em duplas, o australiano Duncan Free. Não que eu conhecesse, mas ele é o melhor cara do mundo em alguma coisa e a gente tem que tirar o chapéu para isso. Duncan (olha a intimidade) ofereceu a medalha e eu a segurei nas mãos. Ela é pesadinha e um pouco maior do que eu imaginava. Não sei por que, mas fiquei com vontade de mordê-la. Não fiz isso, por respeito ao Duncan e porque não tinha a menor intenção de provocar um campeão de remo de dois metros de altura. Mas foi uma sensação incrível ter aquele objeto tão famoso e desejado nas mãos, um simples círculo de metal que representa tanto para tantas pessoas. Cumprimentei o cara, fui até o bar e pedi mais um Dry Martini em homenagem aos deuses olímpicos. Ao contrário de mim, quando voltar para a Austrália Duncan Free não vai levar para casa apenas o seu amor pela China.

> **Templo do Céu (Tiantan Gongyuan):** Yongdingmen Donjie, Chongwen, metrô Chongwenmen, das 8h às 17h, (8610) 6702-8866
> **Souk Bar & Restaurant:** Chaoyang Park West Gate, Distrito de Chaoyang, (8610) 6506-7309
> **The World of Suzie Wong Club:** Chaoyang Park West Gate, Distrito de Chaoyang, (8610) 6538-2349, www.suziewong.com.cn

中国

23.08.08

A ÚLTIMA BALADA OLÍMPICA

Não sei se você reparou, mas o nome deste livro é 'Ping Pong'. O meu último evento olímpico, portanto, não poderia ser outro que... a final de Ping Pong, claro.

Chamado por pessoas sérias de 'tênis de mesa', este é um dos esportes mais populares da China. Outros países orientais, porém, também têm excelentes jogadores, como é o caso do coreano Min Seung Ryu, vencedor da medalha de ouro na Olimpíada de Atenas. Imagine, então, como a China comemorou quando três chineses e um sueco foram classificados para jogar as finais.

Escalado apenas como coadjuvante da festa, o sueco Jorgen Persson perdeu a disputa do bronze para o chinês Hang Liqin no Peking University Gymnasium; a medalha de prata ficou com Wang Hao, e o ouro, com Ma Lin. Ou seja: com três bandeiras chinesas hasteadas, três chineses no pódio e o hino da China nos alto-falantes, o ginásio da Universidade de Pequim veio abaixo. *Zhongguo Jiayou*!

Essa foi a parte 'tênis de mesa' do ping pong.

Agora, em uma visão politicamente incorreta – como todo esse livro, aliás – é muito divertido encarar esse esporte como uma brincadeira de criança levada extremamente a sério. Dizem, por exemplo, que o ping pong foi inventado por anões que sonhavam em ser grandes jogadores de tênis. Eu acho que isso é mentira. Mas que o ping pong é uma espécie de mini-tênis, ah, isso é. Com exceção da velocidade das jogadas, que é impressionante, é tudo reduzidinho: em vez de quadra, uma mesinha; em vez de raquetes, raquetinhas; em vez de bola, bolinha; até a cadeira do juiz, em vez de ser um daqueles cadeirões altos com guarda-sol e tudo mais, é uma cadeirinha esprimidinha. Para finalizar, a volta olímpica que o Ma Lin após a vitória deu foi a mais curta de toda a Olimpíada.

Depois do ping pong foi a vez de comemorar o título da nossa bela seleção feminina de vôlei. Na seqüência de uma vitória sensacional contra os Estados Unidos, nada melhor do que brindar com umas *bingde pijiu* na já tradicional região de Sanlitun, que obviamente estava lotada nesse finzinho de Olimpíada. Parabéns para as garotas brasileiras: além de bonitas, são excelentes jogadoras.

É engraçado ver que a China se preparou para as Olimpíadas em todas as áreas imagináveis, com exceção de uma: eles não sabem o que fazer com as torcidas de estrangeiros loucos que lotam a Sanlintun para comemorar as vitórias de seus países. Os policiais ficam em volta, olhando, sem entender direito se o que está acontecendo é uma briga ou uma festa. E isso não acontece apenas com os bagunceiros brasileiros: holandeses, alemães, americanos, o mundo todo desafia a compreensão dos policiais chineses com gritos de guerra e bandeiras tremulantes.

Como é que se diz 'xaveco olímpico' em chinês?

Sábado à noite, véspera do encerramento da Olimpíada. Não tive opção a não ser terminar a noite na casa noturna mais famosa de Pequim, o China Doll (conhecido entre nós, chineses, como 'Zhongguo Wawa'). Uma versão ampliada do clube Suzie Wong, o China Doll parecia uma festa de encerramento informal dos Jogos de Pequim. Se você assistiu ao desfile de encerramento, pode ter certeza de que muitos que sorriam e acenavam para as câmeras estavam sofrendo com uma ressaca das bravas. A gente costuma ver esses deuses olímpicos em ação, concentrados e supersérios, e se esquece de que eles são pessoas normais. Nunca imaginei que atletas olímpicos tinham uma vida social fora das quadras, nem que gostavam de dançar loucamente e festejar como se o mundo fosse acabar no dia seguinte. Metaforicamente, talvez o fim da Olimpíada seja mesmo uma espécie de fim do mundo.

Lembra que na noite anterior eu fiquei empolgado por segurar uma medalha de ouro nas mãos? Pois isso no China Doll virou carne de vaca. Pude pegar nas mãos tantas medalhas de ouro, prata e bronze que nem me lembro mais quem eram os atletas. Em uma balada freqüentada quase exclusivamente por atletas olímpicos, aliás, temos que admitir que uma medalha no peito é uma excelente forma de, digamos, 'valorizar o seu passe'. E foi isso que aconteceu no China Doll: atletas usaram e abusaram das medalhas como forma de xaveco olímpico. Os jogadores do time de hockey da Espanha, por exemplo, exibiam as medalhas no peito e esperavam sentados pela fila de mulheres que estavam lá para cumprimentá-los. Não sei se os atletas americanos que estavam no China Doll eram todos vencedores, mas a maioria deles preferiu atrair as mulheres com outro tipo de ornamento precioso: gigantescos anéis e colares de brilhantes. Uma ostentação desnecessária e tipicamente americana. Mas como nem todas as atletas ligam para esse tipo de coisa, acho que o time da Espanha se deu melhor. Não existe xaveco olímpico melhor do que uma medalha no peito.

中国 **China Doll:** 5º. andar, 3-3 Sanlitun Street, Distrito de Chaoyang, (8610) 5136-5871 (ramal 111), www.chinadollclub.cn

24.08.08

O SONHO ACABOU, A CHINA VOLTA À REALIDADE

Nada como degustar um típico rodízio brasileiro e assistir à disputa pela medalha de ouro no vôlei masculino. Estava tudo perfeito, da companhia dos colegas brasileiros aos garçons chineses vestidos de gaúchos. Pena que os americanos jogaram melhor e estragaram a nossa festa. Mas nem isso impediu que o almoço com colegas brasileiros no Latin, perto do Chaoyang Park, fosse um banquete com direito à picanha, guaraná e pudim de leite de sobremesa.

Não tínhamos muitas dúvidas em relação ao melhor lugar para assistir ao encerramento da Olimpíada, já que a abertura na Wangfujing havia sido uma experiência maravilhosa, com turistas de vários países se reunindo para celebrar a festa que começava. Fomos para lá, então, ansiosos para conhecer o que o gênio de Zhang Yimou tinha preparado para o adeus do mundo a Pequim 2008.

Uma grande surpresa e decepção nos assolou quando encontramos o mesmo telão da Wangfujing onde assistimos à abertura da Olimpíada desligado, apesar das milhares de pessoas que tiveram a mesma idéia que a gente no local. Chineses e estrangeiros não entendiam e se perguntavam por que aquilo estava acontecendo, por que o telão não estava ligado para exibir a chave de ouro do Comitê Olímpico Chinês, a cereja no bolo de uma festa em que tudo tinha saído exatamente como o combinado: a China venceu a Olimpíada, os estrangeiros ficaram apaixonados por

Pequim e assuntos complicados como Tibete, Direitos Humanos e poluição acabaram ficando em segundo plano.

De acordo com uma repórter chinesa que também estava lá para cobrir a festa, a decisão de não ligar o telão havia sido tomada provavelmente para evitar eventuais problemas provocados por excessos decorrentes da aglomeração de pessoas. Não entendi esse raciocínio, já que essa aglomeração tinha o objetivo de saudar o sucesso do evento produzido justamente pelo governo do país e seus braços esportivos. Ela respondeu que a noite da abertura havia gerado uma certa ansiedade no governo por ter reunido muita gente e saído de certa forma do controle, fato que as autoridades chinesas não costumam permitir. Eu discordei e disse que estava lá na noite da abertura e não havia acontecido nada 'fora do controle', muito pelo contrário. O que eu vi foi uma festa maravilhosa de confraternização entre pessoas de vários países. Sim, foi meio complicado para encontrar um táxi na região após o término do evento, mas isso não chegou a ser um problema que pudesse ter 'colocado em risco' o poder das autoridades. Acho que eu e o governo chinês não pensamos da mesma maneira.

Como é que se diz 'circulando, circulando' em chinês?

Às 20h, horário do início da cerimônia de encerramento, os chineses se revoltaram e começaram a gritar 'liga o telão' (em chinês, claro, mas a repórter chinesa me traduziu). Agora sim, estávamos diante de um leve princípio de rebelião, um pequeno ato de desafio à decisão das autoridades chinesas. Fiquei com pena do povo, desta vez formado quase exclusivamente por chineses, com estrangeiros como eu presentes apenas como coadjuvantes dispostos a aplaudir o fim de uma festa tão bem sucedida. Mas os gritos de 'liga o telão' não foram bem-vindos pela polícia: poucos minutos depois, alguns policiais começaram a cercar a multidão para dispersá-la. O inusitado é que esses policiais (eu contei pelo menos seis tipos de uniformes diferentes, cada um para uma hierarquia entre eles) não estavam armados nem mesmo com cassetetes, condição bastante recomendável para controlar uma multidão de mais de cinco mil pessoas. Aí eu vi que a violência, pelo menos nesse primeiro momento, nem era necessária. Com tapinhas nas costas (dos chineses, já que os policiais não olhavam e muito menos encostavam nos ocidentais) e frases de ordem (algo como 'circulando, circulando'), os policiais pouco a pouco foram controlando a situação e o povo, sem esboçar nenhuma reação, obedeceu ao eficiente controle de multidões em que os chineses são especialistas.

> *Fico imaginando o que aconteceria se o governo se recusasse a exibir um jogo da Seleção Brasileira na Copa do Mundo em um daqueles telões espalhados pelas ruas do país, do Anhangabaú a Copacabana. E fico pensando qual seria a reação do povo se o governo enviasse ao local meia-dúzia de guardinhas para aconselhar o pessoal a ir para casa. Pensando bem, eu não quero pensar nisso, não.*

Sem opção e já perto do fim da cerimônia, decidimos esquecer tudo e ver a reprise mais tarde em um dos 12 canais da CCTV, que exibiram o evento à exaustão. Eu e meus colegas do Estadão fomos, então, para o bar/restaurante Lan Club, um lounge pós-moderninho famoso por ter sido decorado pelo designer Philippe Starck.

Starck é famoso por seus exageros que beiram o kitsch, e o Lan não foge à regra. Cadeiras douradas e quadros barrocos dividem o local com réplicas em gesso da mão de Mao Zedong estendida naquele seu gesto típico, como se estivesse abençoando o povo chinês. Tudo isso entre cortinas de veludo vermelho, mesas de acrílico decoradas com ideogramas e paredes repletas de telas de cristal líquido com vídeos muito loucos produzidos por VJs chineses.

Só o som que rolou na balada não tinha nada de rococó: era um bate-estaca tradicional, hipnótico e repetitivo como todo bate-estaca que se preze. Detalhe: o lugar é tão VIP que o DJ da noite era Álvaro 'Berlusca', ninguém menos que o sobrinho do primeiro-ministro italiano, Silvio Berlusconi. Alguns drinques depois, esquecemos o episódio da Wangfujing. Mas ele ficou marcado como prova de que não há contestação e as autoridades são realmente quem decidem como as coisas devem ser na China, independente da vontade do povo. Afinal, o que havia de mal em ter cinco mil chineses reunidos para celebrar o sucesso de seu próprio país? Como me disse a repórter chinesa, a China começa a acordar do sonho olímpico e voltar à realidade.

中国　**Latin Grill House:** C1-11 Block 1, Solana 6, Chaoyang Park Lu, Distrito de Chaoyang, das 11h às 15h e das 17h às 23h, (8610) 5905-6126, www.gzlatin.com
Lan Club: 4º. andar, Twin Towers B-12, Jianguomenwai Ave., Distrito de Chaoyang, (8610) 5109-6012, www.lanbeijing.com

25.08.08

O DIA SEGUINTE

Eu sempre soube que a China era um país orgulhoso por manter suas tradições milenares, mas não imaginava que algumas delas fossem levadas tão a sério. Os carimbos chineses, por exemplo. Esse antigo hábito de estampar objetos com carimbos esculpidos em pedra nasceu há muito tempo, mas desde a implantação do regime comunista ele ganhou um aliado que o torna tão chinês quanto os leques e as bicicletas: a burocracia.

Com o fim da Olimpíada, a única rua que permanecia relativamente cheia em toda a cidade era a Wangfujing, com sua imensidão de lojas e produtos para todos os gostos. Ainda havia alguns estrangeiros pela região (eu, por exemplo), mas o que parece é que chegou a vez dos turistas chineses de várias partes do país. Aproveitei esse dia mais tranquilo para finalmente fazer minhas compras olímpicas, camisetas com o logotipo 'Beijing 2008' e objetos ilustrados pelas simpáticas mascotes dos Jogos, as famosas *Fu Wa* ('crianças sortudas', em chinês).

Para evitar a difícil opção por um único animal (a briga entre pandas, tigres e dragões seria sangrenta demais) como mascote, o Comitê Olímpico Chinês escolheu quatro bichinhos que homenageiam diferentes regiões da China (Panda, Antílope-Tibetano, Andorinha e Peixe) e um quinto integrante, um 'foguinho' que representa a tocha olímpica.

Os nomes das mascotes também foram escolhidos a dedo: se você separar as sílabas de seus nomes (Beibei, Jingjing, Huanhuan, Yingying, Nini), tem a frase 'Beijing Huan Ying Ni', Bem-vindo a Pequim). A cor de cada um ainda representa os anéis olímpicos e os cinco elementos da tradição chinesa (metal, madeira, água, fogo e terra).

Mas o que essas mascotes têm a ver com os tradicionais carimbos chineses? Calma, eu chego lá. Aliás, eu cheguei lá na hora de pagar pelos produtos na lojinha olímpica. Se você é fabricante de papel carbono e achou que seu negócio estava arruinado por novidades tecnológicas como notas fiscais eletrônicas e afins, pode dormir tranqüilo. A China não deixará você ir à falência.

Como é que se diz 'documento autenticado em cinco vias' em chinês?

Nem nas mais jurássicas repartições públicas brasileiras seria possível imaginar uma burocracia tão paquidérmica ou um número maior de trâmites para se comprar um produto. Talvez seja por isso que a fila de clientes era tão grande: a caixa conferia e carimbava cinco vias da nota fiscal, grampeava duas delas, guardava uma das vias em uma gaveta, outra em outra, carimbava a primeira e a terceira, rubricava a segunda e a quarta, colava um adesivo na terceira e quinta, rubricava esse adesivo, daí carimbava todas as cinco vias e arrancava imediatamente esses grampos, daí rubricava a segunda e a quarta pela terceira vez... o mundo podia acabar que a maldita fila não andaria um centímetro antes de a maldita caixa carimbar, rubricar e sujar de papel carbono as malditas trocentas vias da nota fiscal. Aí, sim, eu poderia guardar minhas mascotinhas de pelúcia na sacola e voltar para o meu maldito hotel.

Com o fim dos Jogos, começa a discussão sobre o futuro da Vila Olímpica. De acordo com o jornal China Daily, o complexo abastecido com placas de energia solar instaladas os apartamentos será transformado em um bairro residencial com imóveis à venda por preços entre 500.000 e 1 milhão de RMBs (entre R$ 125 e 250 mil). O futuro de estádios como o Ninho dos Pássaros e o Cubo Aquático também já foram definidos: comprado por um consórcio formado pelo grupo estatal chinês Citic, o Ninho terá o número de espectadores reduzido de 91 para 80 mil e será transformado no campo do time de futebol Beijing Guoan F.C. O grupo Citic pretende ainda leiloar o nome do estádio para alguma empresa e alugá-lo para eventos e grandes shows. No futuro, portanto, prepare-se para o lançamento de uma série de discos com o subtítulo 'Gravado ao vivo no Ninho dos Pássaros'.

O Cubo Aquático vai virar um centro esportivo composto por parque aquático, quadras de tênis, lojas, restaurantes e casas noturnas. Outros enormes ginásios construídos especialmente para a Olimpíada, como o Wukesong Indoor Stadium (basquete), Fencing Hall (esgrima) e o Estádio Indoor da Capital (ginástica), serão adaptados para se tornarem locais de treinamento para as futuras gerações de esportistas chineses e centros de convenções empresariais.

Após um cansativo dia de compras, à noite a equipe do Estadão se reuniu em um jantar organizado pela correspondente do jornal na China, Cláudia Trevisan, para degustar um autêntico 'Pato à Pequim' no restaurante Duck de Chine, em Chaoyang. Há praticamente um mês na China, trabalhando como loucos e longe das famílias e amigos, posso dizer que eu e meus colegas entramos em contagem regressiva para voltar para casa.

Nada que impeça, no entanto, uma voltinha por Sanlitun para uma última cerveja. Caminhando pela região que era o grande palco das festas e comemorações durante a Olimpíada, foi possível constatar que Pequim está de volta ao normal. Tudo bem, era uma noite de segunda-feira, mas a diferença de movimento no local era gritante. Na calçada onde tínhamos que brigar por espaço centímetro a centímetro, meia-dúzia de gatos pingados tentavam se divertir driblando os barzinhos que iam fechando as portas, um atrás do outro. Paramos no bar mexicano The Saddle para a derradeira *bingde pijiu* da noite. O mar de estrangeiros que há poucos dias balançava bandeiras e cantava gritos de guerra nos mais variados idiomas deu lugar a mesas vazias, luzes apagadas e garçons desanimados. A festa acabou. Depois de uma festa de duas semanas, hoje em Pequim é dia de ressaca.

Duck de Chine: 1949 The Hidden City, Courtyard 4, Gongti Beilu, Distrito de Chaoyang, das 11h30 às 14h30 e das 18h às 22h30 (8610) 6501-1949
The Saddle Cantina: 81 Sanlitun Beilu, Nali Patio East, 2º. andar, Distrito de Chaoyang, (8610) 5208-6005, www.beijingsaddle.com

中国

26.08.08
O CÉU DIZ ADEUS NA ÚLTIMA NOITE EM PEQUIM

Já comentei aqui que uma das vantagens de passar um longo tempo em uma cidade desconhecida é a possibilidade de voltar aos locais que você mais gostou e pelos quais já sente saudades antes mesmo de ir embora. Nada mais justo, portanto, do que visitar o *hutong* em Liulichang, a rua das antigüidades.

É claro que eu gostaria de ter 15.000 RMB (quase R$ 4 mil) para levar para casa a réplica de uma estátua dos guerreiros de Xi'An feita de terracota em tamanho natural. Mas como não havia lugar na minha mala para esse pequeno mimo de dois metros e oitenta centímetros de altura, me contentei em adquirir delicados estojos de caligrafia, uma das artes milenares que ainda sobrevivem na China apesar da homogeneização que a escrita sofreu com a popularidade dos computadores. Na China, a beleza das palavras não depende apenas do conteúdo daquilo que está escrito, mas dos traços harmoniosos imortalizados pela dança dos pincéis sobre o papel-manteiga. É por isso que aqui é um dos pouquíssimos lugares do mundo em que um calígrafo pode ganhar uma página inteira de jornal, como aconteceu outro dia no caderno de cultura do 'China Daily'. Como fã de tipologia e, portanto, admirador tanto do conteúdo quanto da forma das palavras, não posso deixar de admirar a sensibilidade de um povo que resiste à praticidade repetitiva dos teclados digitais.

Hutongs são bairros formados por vielas estreitas e casas simples construídas desde o século 13 de acordo com os princípios do feng-shui. Mas com o crescimento do número de arranha-céus e construções modernas, eles estão desaparecendo. Nos anos 80, eram mais de 3.600 em toda a cidade. Hoje, há pouco mais de mil *hutongs* em Pequim, e, ao contrário do bairro artístico onde está localizada a rua Liulichang, a maioria sobrevive de um comércio simplório baseado em mercadorias para turistas que desrespeitam o passado recente do país. É meio deprimente ver esses pobres moradores tentando desesperadamente empurrar goela abaixo dos turistas objetos vagabundos decorados com o rosto de Mao Zedong.

Quem garimpa um pouco mais, no entanto, pode descobrir negócios da China a preços realmente ridículos. Foi o que aconteceu comigo: ao entrar em uma loja de instrumentos musicais antigos, encontrei um Liu Qin (espécie de cavaquinho milenar) em ótimo estado e incrivelmente pintado à mão com figuras do dragão e da fênix, que representam o imperador e a imperatriz da China. Comecei a barganhar e, pela primeira (e última) vez, acabei vencendo o jogo da pechincha. Levei o Liu Qin por 350 RMB (menos de R$ 100) e ainda levei de graça um CD com canções típicas chinesas.

Acho que vale aqui mencionar breves exemplos do que se compra com o dinheiro chinês. A cotação é de 4 RMB para R$ 1, ou 6,80 RMB para US$ 1. Para se ter uma idéia do valor das coisas, imagine que uma cerveja long neck em média custa 20 RMB; uma refeição em um restaurante legal sai, sem bebidas alcoólicas, entre 100 RMB e 150 RMB; o aluguel de um apartamento razoável está em torno de 4 a 5 mil RMB; a passagem de ônibus custa 1 RMB e a de metrô, 2 RMB; o salário de uma pessoa, digamos, normal, é relativamente baixo: de 1.000 a 3.000 RMB.

Como é que se diz 'cavaquinho milenar' em chinês?

Voltando aos *hutongs*, acho que eles podem até ser culturalmente interessantes, mas dá para entender por que o governo quer reduzi-los ao máximo, especialmente nas áreas mais nobres da cidade. Apesar da comparação não ser exatamente fiel, seria como se um antropólogo defendesse a manutenção das favelas no Brasil com a justificativa de que elas fazem parte da cultura. Apesar das reclamações dos moradores, até os *hutongs* mais famosos da cidade estão sendo demolidos. Habitados por famílias pobres que dividem pátios e banheiros, os *hutongs* de Pequim são uma lembrança de um passado que não tem mais espaço na China de hoje.

Toda essa caminhada me abriu o apetite e, acompanhado pelos colegas do Estadão, lá fomos nós de volta ao único bairro da cidade onde alguns restaurantes ainda estão abertos para o almoço após as 15h: a velha e boa Sanlitun. A rua está completamente vazia, é verdade, mas pelo menos os restaurantes ainda estão lá. E a melhor livraria de Pequim também, a charmosa 'The Bookworm'.

Para variar de sabor, fomos comer no Ciro's, uma

bela cantina pós-moderna cujo dono (o tal do Ciro) é um italiano tatuado hiperegocêntrico com cabelo preto até a cintura e visual típico de quem ainda acha que os anos 80 não acabaram. Não, não chegamos a conhecer o Ciro pessoalmente, mas nem precisou: o restaurante é inteirinho decorado com fotos dele ao lado de personalidades das áreas mais distintas que você pode imaginar, de Ronald Reagan e Paulo Coelho, passando por Axl Rose e Sylvester Stallone. Apesar disso, a comida do lugar é muito boa. Depois de quase um mês comendo pratos cozidos com óleo de banha de animal, meu estômago agradeceu a volta ao bom e velho azeite de oliva.

Após uma tarde de descanso, a equipe do Grupo Estado voltou a se reunir para jantar. O lugar escolhido foi o Salt, um restaurante descolado localizado naquela região conhecida como 798, o bairro das galerias de arte. Como a comida é ótima e a dona é a brasileira Gaby Alves, nos sentimos mais em casa ainda. Tivemos direito até a pão de queijo chinês.

Com uma chuva torrencial que começou a cair logo após o jantar em Pequim, nosso plano de passear por alguma região ao ar livre, como Houhai ou Nanluoguxiang, foi por água abaixo, com o perdão do trocadilho. Por outro lado, um temporal na última noite da viagem é até justo: talvez a cidade esteja tão triste com a nossa partida quanto nós estamos.

> **The Bookworm:** Prédio 4, Nan Sanlitun Lu, Distrito de Chaoyang, das 9h às 1h, (8610) 6586-9507, www.beijingbookworm.com
> **Ciro's Pomodoro:** Chaoyang Qu Sanli Tun Tongli Dong Kou, Sanlitun, (8610) 5208-6008
> **Salt Contemporary Cuisine:** Jiang Taixilu, Lido, Distrito de Chaoyang, (8610) 6437-8457, www.saltrestaurantbeijing.com

中国

27.08.08

ÚLTIMAS HORAS EM PEQUIM: A GARGANTA COMEÇA A APERTAR

'Partir é um doce pesar', já dizia Shakespeare. Pois dizer adeus daqui a pouco a Pequim, apesar de a saudade pelo Brasil e pela minha família já estar batendo nos limites do aceitável, está tomando conta da minha garganta de uma maneira não muito confortável.

Começo a lembrar das várias coisas que passei por aqui, das inúmeras pessoas que conheci, dos incríveis e diferentes lugares que visitei. Como é que se diz 'eu não vou chorar nem a pau' em chinês?

Nesse último dia, aproveitamos para fazer mais umas comprinhas e almoçar com calma no Alameda, restaurante que acabou se tornando o nosso favorito por aqui. É engraçado como já sinto falta de coisas simples do cotidiano, como andar de táxi ou dizer *Ni Hao* para as funcionárias do hotel. Acho que coisas assim, no fundo, é que vão deixar mais saudades: surpreender um vendedor chinês com um *Xie Xie, Zaijian* na hora de ir embora; assistir ao vídeo do hino da Olimpíada 'Beijing Huan Ying Ni' nos telões da Wangfujing; ler as sempre otimistas notícias do 'China Daily' durante o café da manhã. Os lugares turísticos e os estádios grandiosos dos Jogos Olímpicos vão deixar um outro tipo de saudade: um mês é tanto tempo que a gente acaba se apegando mesmo é à vida real.

AGORA É HORA

27.08.08

Agora é hora: são sete da noite, e meu táxi para o aeroporto chegou. Uma longa viagem até São Paulo me espera, até porque serei obrigado a passar cinco horas no aeroporto de Dubai. Para terminar, gostaria de agradecer a sua companhia. Foi muito bom dividir com alguém tantas coisas legais que aconteceram durante a viagem.

Antes de desligar a TV, acabo de ver um casal chinês cantando ópera. Incrível: a voz dele consegue ser ainda mais fininha que a dela.

Como é que se diz 'obrigado a todos os meus amigos de Pequim, vou sentir saudades' em chinês?

Zaijian. Xie Xie Zhongguo.

Adeus. Obrigado, China.

FELIPE MACHADO

O jornalista Felipe Machado é Editor de Multimídia de O Estado de S. Paulo, onde dirigiu os documentários '1968, Mordaça no Estadão', 'Grandes Reportagens: Amazônia', 'Grandes Reportagens: Megacidades' e o curta-metragem de ficção 'Amor Dois Ponto Zero', todos disponíveis na internet. Machado ainda assina um Blog sobre comportamento no portal www.estadao.com.br e a coluna semanal 'Palavra de Homem', publicada aos domingos no Jornal da Tarde. É também autor dos romances 'Olhos Cor de Chuva' (Escrituras Editora, 2002) e 'Martelo dos Deuses' (Arte Paubrasil Editora, 2007). No mercado internacional, é colaborador de revistas como Citizen K, Mixte, Double (França) e Vision (China), entre outras publicações de tiragem mundial. Ex-redator da agência de propaganda DPZ, Felipe Machado também tem uma carreira de peso na área musical. Guitarrista da banda Viper, um dos nomes mais importantes do rock brasileiro na década de 90, lançou sete discos e realizou diversas turnês pelo Japão, Europa, Estados Unidos e América do Sul. O mais recente álbum da banda, 'All My Life', chegou às lojas no início de 2008.

Impresso em novembro de 2008, em papel Offset 75g/m²
e papel Couche Fosco 115g/m² nas oficinas da Loyola.
Composto em Minion Pro, corpo 10,5 pt.

Não encontrado este título nas livrarias,
solicite-o diretamente à editora.

Manuela Editorial Ltda. (Arte Paubrasil)
Rua Doutor Amâncio de Carvalho, 182 ao 206 - Vila Mariana
04012-080 - São Paulo, SP
Telefax: (11) 5085-8080
www.artepaubrasil.com.br